U0814792

图解服务的细节

085

成城石井はなぜ安くないのに選ばれるのか?

价格坚挺

精品超市的经营秘诀

[日] 上阪徹 著

余湘萍 译

人民东方出版传媒
People's Oriental Publishing & Media
東方出版社
The Oriental Press

图字：01-2018-4628 号

Seijo Ishii ha naze yasukunainoni erabarerunoka? by Toru Uesaka Copyright © Toru Uesaka 2014
Photo by Keiko Oda
Simplified Chinese translation copyright © 2017 Oriental Press, All rights reserved.
Original Japanese language edition published by ASA PUBLISHING CO., LTD.
Simplified Chinese translation rights arranged with ASA PUBLISHING CO., LTD.
Through Hanhe International (HK) Co., Ltd.

中文简体字版专有权属东方出版社

图书在版编目（CIP）数据

价格坚挺，精品超市的经营秘诀 /（日）上阪徹 著；余湘萍 译. —北京：东方出版社，2019. 5
(服务的细节；085)
ISBN 978-7-5207-0895-1

Ⅰ. ①价… Ⅱ. ①上… ②余… Ⅲ. ①超市—商业管理—经验—日本 Ⅳ. ①F717. 6

中国版本图书馆 CIP 数据核字（2019）第 047286 号

服务的细节 085：价格坚挺，精品超市的经营秘诀
(FUWU DE XIJIE 085：JIAGE JIANTING, JINGPIN CHAOSHI DE JINGYING MIJUE)

作　　者：[日] 上阪徹
译　　者：余湘萍
责任编辑：崔雁行　高琛倩
出　　版：东方出版社
发　　行：人民东方出版传媒有限公司
地　　址：北京市东城区东四十条 113 号
邮　　编：100007
印　　刷：北京文昌阁彩色印刷有限责任公司
版　　次：2019 年 5 月第 1 版
印　　次：2019 年 5 月第 1 次印刷
开　　本：880 毫米×1230 毫米　1/32
印　　张：6. 125
字　　数：111 千字
书　　号：ISBN 978-7-5207-0895-1
定　　价：58. 00 元
发行电话：(010) 85924663　85924644　85924641

版权所有，违者必究
如有印装质量问题，我社负责调换，请拨打电话：(010) 85924602　85924603

前　言
为什么成城石井能得到这么多的支持？

地处世田谷区的成城是东京都内屈指可数的高级住宅区。作家、画家、音乐家、演员、明星、老板……众所周知，很多社会名流都居住在这里。可以说漂亮别致的住宅是这条街的象征之一。

这条街的另一个象征性的存在，也是让成城之名享誉全国的店铺，是一直被居住在成城的人们称作“石井先生”的，位于车站前的老字号超市——成城石井。

我本人自2003年开始有缘生活在成城。我在采访在成城有工作室的作家时，一眼就喜欢上了这条街。

在这里开始生活以后，我所进的第一家店就是成城石井。作为商业领域的撰稿人，因工作关系我与很多行业都有所接触。我有段时期撰写过有关流通业的文章，当然也知道成城石井的名号。

成城石井是生活在高级住宅区的人们日常光顾的老字号超市。我原本以为这家超市销售的是高级商品、进口商品，相比于其他街区的超市在备货上会有所区别。店内的装潢应该也是精致高档的……

然而，当我第一次踏进店铺的时候感到很吃惊，因为跟我想象的完全不一样。并没有像国外那种漂亮的商品陈列，也没有很考究的照明。店内非常整洁，没有特别高档的感觉。

“什么呀，不就是普通的超市嘛。”

说实话，这就是成城石井给我留下的第一印象。说来惭愧，因为家里食品等商品的采购全都交给了我妻子，所以自那以后几乎不陪她购物的我就再也没有踏入成城石井的店铺。

后来听说成城石井在扩大店铺，要在车站内开店，还要进军商业中心。我一直以为成城石井是依靠品牌的力量在加速扩张的。

让我印象发生巨大转变的是，附近的成城学园前站被大规模地改装，建成车站大楼时候的事情。过去比邻成城石井的铁道系统的店铺、租户也进行了大幅度的升级、重装。

邻里之间也议论纷纷，猜想“这是不是针对成城石井的”。确实新建的店铺给人以高档的感觉。这样一来，我猜想成城石井会遭受比较大的冲击吧。

或许是因为工作关系，我对此事突然产生了兴趣，想要对这两间店铺进行比较观察。

据我观察，出入成城石井的人可以说没有丝毫变化。虽然眼前出现了高档的新店铺，但成城石井稳若泰山。

之后，在离成城石井稍微有些距离的主干道沿线开了高档超市，以及商社系统的超市，但这些仿佛都和成城石井毫不相干。主干道沿线的那家高档超市很快就被迫搬走了。

成城石井究竟有何不同？它如此受欢迎的秘密究竟何在？总有一天我要调查清楚。

2013年，跟我有着相同感受的编辑给我发来了邮件。

据说这位编辑经常光顾位于涩谷区的成城石井的店铺。他对食品的关注度很高，在这个过程中，立刻就意识到成城石井不仅仅是一家超市。他也了解到一般被称作高档超市的超市基本上不会开设新店铺，成城石井却在不断地开设新店。这家超市究竟有何不同？它如此受欢迎的秘密究竟何在？他有了跟我一样的疑问。

于是，在成城石井的鼎力协助下，解开其人气之谜的策划得以提上日程。

实际上，我最先询问的是每天都出门购物的我的妻子及其朋友们，她们对成城石井的评价之高超乎了我的想象。我听到很多类似这样的声音：

“自从在成城石井买过肉以后，我就再不去其他店买了。孩子们现在只吃成城石井卖的肉。

“想吃点不一样的东西时，想要美味的调料或者食材时，我一定会去成城石井。去了就一定能买到自己感兴趣的商品。

“家常菜的水准不是其他超市能够比的。陈列的商品完全不同，味道出乎意料地正宗。

“别的不提，因为收银速度很快，所以基本上不需要排队。店员帮顾客装袋，非常细心，动作也非常熟练。

“服务水平不一样，感觉很好。不论我询问什么店员立刻就能给予答复。服务人员很有礼貌，对商品也很了解。我丈夫只在成城石井购买红酒。”

与此同时，我才第一次意识到我家的餐桌上摆满了成城石井的美味商品。

开始采访成城石井以后，我真的很震惊。因为我渐渐明白了生活在成城的人们要去成城石井购物的理由。

同时，我第一次踏进成城石井时产生的疑问也得到了解答。为什么店铺如此俭朴？直白地说，成城石井根本不想通过高档的装潢来吸引顾客。成城石井追求的是让消费者采购美味的商品，并以适当的价格供应给消费者。

在采访过程中，面对我的所有提问，成城石井的受访者几乎都能回答出较为明确的缘由。有问必有答，感觉这家超市凡事皆有理有据，这也是让我感到吃惊的地方。

本书共有七章内容，通过对相关者的采访来解读成城石井能得到这么多人支持的原因。

第 1 章讲述成城石井对商品的追求，同时会阐明成城石井如此执着于商品的理由。

第 2 章讲述的是以待客为首的成城石井的服务方面的内容，这与成城石井的商品并重，是其一大优势。

第 3 章介绍的是成城石井实现独具特色的商品备货的三大因素：采购能力、被称为原创商品的自有品牌商品以及名为 central kitchen 的企业自有的食品工厂。

第 4 章从日常的战略构筑到分店战略，介绍成城石井的经营方式。

第 5 章对成城石井的一大转机——2004 年上演的收购大戏进行研究。这一事件是推动后来成城石井实现飞跃性发展的关键所在。

第 6 章讲述成城石井如何培养人才，涉及包括兼职、零工在内的人事战略，以及人才教育。

第 7 章讲述不愿被称作高档超市的成城石井的成功的根本、课题，以及新的挑战等。

本书从 7 个角度对得到诸多消费者支持的成城石井进行探索和研究。如今正在飞速成长的成城石井的理念，即便对于完全不同的其他行业，只要是想在今后的商业界里生存，个人认为也是很值得参考的。

目　录
CONTENTS

第 1 章
获得狂热支持的超市

“对商品的追求”

第 2 章
在顾客至上主义下坚持“基本守则”

“对服务的追求”

第 3 章
为什么备货能够独具特色

"强劲的购买力以及 central kitchen"

第 4 章
在任何场地都能开店的超市

“强大的经营能力和店铺开发能力”

第 5 章
成为转机的收购

“对事业的热情和自豪感”

第 6 章
认识到人才是店铺之根本

“在培养人才上的追求”

第 7 章 不想被称作“高档超市”

“成功的根本与挑战”

第 1 章 获得狂热支持的超市

“对商品的追求”

香 肠

成城石井的特色商品①

以成城石井的精选肉类柜台出售的日本产新鲜猪肉为原料。用德国的岩盐（Alpen Salz）进行调味，装入纯天然的羊肠中制成的猪肉肠。熏制过程中所使用的木材取材于德国本地产的橡胶树。在世界顶级的肉食品加工比赛 SÜFFA 和 DLG 中，这款香肠多次获奖，其技术和品质也得到了香肠产地德国的认可。

“能在附近开店真好，谢谢”为消费者所感激的店

在东京麻布十番，崭新的高楼大厦、时尚的餐馆与老字号店铺、小工商业风情并存，这是东京地区很受欢迎的具有独特风味的街区。我去这条街采访的时候，适逢位于主街道沿线的新超市店铺开张两个月。卖场的面积为 59 坪[①]，作为一家超市，其占地面积之小有些令人惊异。

然而，实际上在这小小的空间里陈列了 6000 至 7000 件商品，从白天开始就呈现出生意兴隆的景象。由于顾客数量太多，听说自开张以来很长一段时间内，入口处的购物篮常常被取空。

据说营业额比当初预测的翻了一倍。在这个消费低迷的时代，其盛况真是令人震惊。

该店铺的店名为“成城石井”麻布十番店。在它的附近不仅有大型超市，也有在当地经营多年的超市，紧挨着它还有大型便利店。就是在这样的环境下，它后来者居上，生意蒸蒸

① 日本度量衡的面积单位，1 坪合 3.3057 平方米。

日上。

近来成城石井超市真的是随处可见。成城石井在加速发展着，截止到撰写这本书的 2014 年 3 月，成城石井已经拥有 112 间店铺。

在 10 年前的 2004 年，成城石井的店铺数为 30 间。再往前 10 年的 1994 年，仅有 4 间店铺。仅 20 年时间，其规模就超过了 100 间店铺。

而且店铺的形式多种多样，有开设于街面的、车站大楼的、商场地下的、购物中心的、写字楼的、便利店旧址的等各种形式。店铺的大小从 20 坪的小型店到 190 坪的大型店都有。

所有店铺的销售情况均良好。2013 年度销售额超过了 500 亿日元，比上一年增长了 105%。2009 年的销售额为 400 亿日元，4 年时间增长了 100 多亿日元。从业者人数也达到了 3400 人（其中正式员工约 800 人，兼职、零工人员约 2600 人）。

最近的 20 年，日本的消费市场情况低迷。据“商业贩卖统计”，2000 年至 2010 年，零售业的销售额从 136. 8 兆日元跌至 134 兆日元，缩减了近 3 兆日元。

其他行业亦是如此，百货商店从 8. 6 兆日元大幅度跌至 6. 2 兆日元。大型超市从 15. 9 兆日元跌至 12. 7 兆日元，缩减了 3 兆多日元。

在这样的大环境下，成城石井店铺数目倍增。据说现在仍然不断受到开店邀请。如麻布十番店一般，只要开出新店铺，就一定会听到来自消费者的诸如此类的声音：

“我们一直在等成城石井开店，真的很高兴。

“能在附近开店真好，谢谢。

“以后我每天都会光顾。”

很多消费者对增开店铺表示感谢，还有很多消费者在等待新店铺的开张。能成为这样一家超市的，那就是成城石井。

“只有在成城石井才能买得到的”商品琳琅满目

那么，成城石井为什么会得到如此多的支持呢？首先，其最大的特点就是独具一格的商品备货。以进口商品、隐秘的名品、地方特产为首，特有的商品种类极其丰富。

红酒、奶酪、生火腿、红茶、咖啡、橄榄油、果酱、味噌、牛奶、豆腐、纳豆、海带、鲣节、汤料、起司蛋糕等，陈列了很多名牌的商品，也有很多只有在成城石井才能买到的商品。可以说消费者可选择的范围很广。

诚然备货量也要依据店铺的实际规模，比如光食盐这一类商品，种类就极其丰富了。除了与一般超市相同的常规商品外，还陈列了许多如“宫古岛雪盐”“淡路岛的藻盐”“sel fin”“extra fine salt”等矿物质含量不同、规格不同的商品。也有诸如“海之精”“粟国之盐”之类的，500 克售价为 1200 日元左右的高档商品。

成城石井自产的咖啡是阿拉比卡品种的，不论在哪家店铺都广受欢迎。受欢迎的理由是性价比较高。懂行的人立刻就能明白其价值。也有专业的咖啡店老板前来购买，因为比业内的价格要便宜。

同样受欢迎的还有巧克力类商品，很多都是从比利时或是法国直接进口的。不过，成城石井并不是把进口的产品直接陈列在店铺中贩卖。很多进口商品单个包装的量较大，而日本商品对包装质量的要求相对较高，所以成城石井会在自己公司把商品分成小份进行重新包装。这样的细节也是成城石井获得消费者支持的理由。

进口商品较多主要是因为成城石井有自己的贸易公司。从成城石井只有一间店铺的时代起，就不经由第三方，而是由采购人员直接在全世界范围内寻找、采购商品。因此，很多商品在成城石井才能够买得到。

除了这些进口商品外，成城石井还有很多所谓的自有品牌的商品。这些将会在第 3 章里详细介绍，商品的口感和品质自不必说，成城石井还对原材料和食材的安心安全有着执着的追

食盐的货架，陈列着产地、成分等不同种类的商品

求。如果没有符合要求的商品，成城石井就自己把它制作出来。

包括进口商品、自有品牌的商品在内，在成城石井销售的三成商品都是在其他地方买不到的。这一备货的独特性，以及商品的高质量，是成城石井受消费者欢迎的理由。

此外，备货的独特之处还体现在卖场中存在感极强的家常菜上。成城石井的菜肴柜台，一眼看过去就能发现与一般的超市或便利店有明显的区别。其所售的商品完全不同，比如几乎没有油炸食品。

一般的超市占地面积有数百坪，带有后台操作间，通常在这里准备菜肴。菜肴基本上从外部订购，在操作间里员工只对食品进行简单的加工，或者做一些简单的商品开发。基本上只是把商品开封和装盘，把冷冻的商品加热、油炸。因此，油炸的食品很多。

然而，成城石井的店铺，除去一部分大型店铺，后台操作间基本不进行烹饪或加工作业。前文写道成城石井很早就有了自己的贸易公司，殊不知在仅有 6 家店铺的年代，成城石井就自己成立了制作菜肴的食品工厂“central kitchen”。

有关这方面的详细介绍会在第 3 章中进行，这个 central kitchen 制作了成城石井几乎所有的家常菜。并非外部订购，而是全靠自己生产。

不仅如此，承担菜品开发核心任务的都是原知名酒店或知名餐馆的专业人士。换言之，一流的厨师们在为成城石井制作超市的菜肴。而且基本上都是手工制作，并把准备好、包装好的菜肴送至各地的店铺。

食品也好家常菜也好，成城石井陈列的商品都与众不同。如果只是摆上了珍贵食材或者高级食材，成城石井或许还得不到如此多的支持。

拥有一流商品备货的同时，还能以合适的价格提供给消费者。

很多了解商品的顾客都说“这么好的东西，这价格绝对不贵”，这就是成城石井。

被高档住宅区·成城的消费者“培育出来的店”

以直接从原产地进口的商品为首的独特备货，再加上一流厨师制作的家常菜，而且价格适宜。为什么成城石井能够做到这些？我就此询问了董事长原昭彦先生，他首先作了如下答复：

“成城石井是被成城的顾客们培育出来的店。”

成城石井诞生于 1927 年 2 月，最初是一家经营水果、罐头、点心的食品店。创始人石井隆吉先生在东京都世田谷区的成城开设了这家店。之后，第二代社长石井良明先生于 1967 年对店铺进行翻新，改建成了超市。

二号店是 1988 年建于神奈川的“青叶台店”。随后一点点地扩大规模，在 1997 年年初车站内店铺“Atre 惠比寿店”开张以后，成城石井开始加速开设分店。成城石井的一号店“成城店”现在仍然是最具存在感的店铺，其销售额也位居所有店铺之首。社长原先生继续说道：

“成城是东京都内首屈一指的高级住宅区。居住着很多走在时代最前端的经营者和文人，也有很多有海外生活经历的人。从这个意义上来说，这是一个很特别的地区。在这里做买卖意味着什么？意味着要时刻接受看惯了全世界的好东西的挑剔目光的审视。”

现在的成城被分割成了一个个小块的区域，过去都是有着很大的庭园的超级豪宅。这里是追求富裕生活环境的人们的聚集地。社长原先生继续说道：

“当然，他们确实对食品有着较高的兴趣和关注度，在对正品的追求上毫不让步。而且他们认为‘高价高品质’是理所当然的。作为商家，我们必须研究该如何定位自己的商品。成城石井一直在不断地思索如何满足顾客的要求和期待。尽一切所能为顾客提供真正美味的商品，这是成城石井代代相传的精髓。在这一点上丝毫不能马虎，否则无法得到成城的消费者们的认可。”

消费者花三四个小时前来购买成城石井的红酒

社长原先生说成城石井从生活在成城的人们身上获得了很多生意上的启示。

“曾经在海外居住过的，或是曾在日本国内四处奔波的成城人熟知很多我们所不了解的东西。在有些方面，消费者反而比商家更精通。成城人对饮食文化感知度较高，成城石井倾听着他们的声音，追随着他们的步伐。不断摸索着该如何满足这些消费者的需求，一路走到了今天，这就是成城石井的历史。”

其中典型的例子就是红酒，极其丰富的备货量和高品质，让红酒成为成城石井的人气商品之一。成城石井对红酒有着至高的追求。

“20 世纪 80 年代我们刚开始经营红酒的时候，有顾客反映‘欧洲的红酒更好喝’。于是，我们去欧洲亲自品尝，对欧洲产红酒的美味程度感到震惊。贴着同样标签的红酒，味道却和在日本尝到的完全不一样。”

当时红酒的进口是委托给其他贸易公司的，调查之后我们找到了味道不同的原因。那就是用普通常温集装箱从欧洲运输过来而导致的。

通过海运来运输红酒要花费两个月的时间。在长时间的运输过程中，途经气温在冬天也接近 30℃ 的赤道地带，结果会怎样？集装箱里温度极高，这不可能不对红酒造成影响。实际上，红酒达到了沸腾的状态，据说到达日本的时候红酒的量都发生了变化。

"因此，成城石井决定采用'Reefer（冷藏集装箱）'——可保温运输的方式来进口红酒。以保证不受外部气温的影响，从当地的酿酒厂直接运输到日本。"

在30年前，这是很罕见的做法，成本也相当高。而且，运到日本以后若再受到外界气温的影响，就失去了意义，因此对仓库的要求也非常高。

"我们建造了可以实施完全保温、保湿管理的仓库，用以保存红酒。红酒性质敏感，若管理不到位就会影响其品质。不仅24小时管理并记录温度和湿度，而且还引入了能让冷气自然地遍布整个仓库的设施。具备专业酿造知识的工作人员直接前往欧洲进货，保温运送回日本，在与原产地相同的状态下进行保存，然后保温运输到各店铺，这就是成城石井的红酒。"

仓库中保存的红酒多的时候达150万瓶，并非按照进口的时间顺序来销售，而是在红酒口感最好的时候将其运到店铺中去。

"我们想把最好的商品，以最佳的状态提供给消费者，能想到、做到这个地步的就是成城石井。因此，同样标价为1500日元的红酒，懂得红酒的人会觉得成城石井的红酒价值不一样。

而这么认为的消费者不在少数。”

据说过去有人花费三四个小时专程赶到成城石井购买红酒。

“我觉得没有公司能做到这个地步。反过来说，不做到这一步就没法为顾客提供真正美味的商品。正因为我们的执着，以保温运输为首的各种措施才会应运而生。”

顺带提一下，保温运输的“Reefer”不是随处可见的。红酒背面的标签上，若是没有文字注明，那很可能就是以常温状态经过赤道地区的。也就是说，那可能就不是红酒原本的味道了。

有保温运输的“Reefer”标记的红酒标签
这是品质的保证

另外，即便有“Reefer”，在日本国内的物流或者保存状态不同，品质也会完全不同。喜欢品尝美味红酒的人，不仅对红酒的牌子和口感有追求，也会关注红酒的管理方式。

不计利益

通过保温运输实现了进口美味红酒，让消费者在日本也能品尝到与欧洲同样美味的红酒。而此时，成城的消费者又传来了新的声音。原先生继续说道：

“我们从顾客那里了解到红酒的种类真的极其丰富，不仅是法国的，意大利的、西班牙的红酒也很好喝，红酒的备货品种也随之不断地增加。正是受教于成城的顾客们，成城石井才能够做到这一点。”

而且，消费者的声音不仅局限在红酒类的商品上。

“有了好喝的红酒，还需要配上美味的食材，消费者又给我们推荐了奶酪。在当时的日本，提到奶酪一般指的是加工奶酪。但是，顾客说红酒搭配加工奶酪，那就太可惜了。”

于是，成城石井开始销售进口奶酪，奶酪也成为与红酒相提并论的人气商品。这也是发生在20世纪80年代的事情。

“为搭配红酒就需要提供各种类型的奶酪。奶酪的新鲜程度也很重要，于是我们决定用飞机来运输奶酪。”

但是，采用航空运输的话价格就会上涨。若从其他贸易公司进货，就当时而言进口量少且佣金很高。这样一来，奶酪的价格就更加昂贵了。

“于是，我们产生了自己直接进口的想法。对消费者来说，佣金是额外的成本，我们只要采取相应的措施向消费者提供高品质的商品，不就行了嘛。”

成城石井自有的贸易公司是子公司——东京欧洲贸易公司。成城石井实现了自己想要的运输方式，砍掉了佣金这块的成本，实现了以合适的价格进口红酒和奶酪。原先生继续说道：

“我们在各种类型的商品上都采用了直接进口的方式。巧克力的味道和在日本卖的不同；橄榄油在欧洲很流行；西班牙和意大利有很好吃的生火腿……消费者的声音不断增多，而我们的进口商品的范畴也随之不断扩大。”

颇有意思的是，成城石井的出发点并非利益，而是追求真正美味的东西和自己看重的东西，并由此来考虑商品的备货。其结果就是，成城石井的措施或商品备货，其他公司无法效仿。

“日本的制造商和批发商也很努力，但若只在日本国内采购商品是无法满足成城石井的顾客的。批发商也不会经销高品质的商品，所以只能自己亲自去采购。由此我们确立了直接前往产地购买所有商品的采购模式。”

肉要等到口感最好的时候才出售

成城石井的这一理念并不仅仅体现在进口商品上，还体现在对超市来说最为重要的商品生鲜三品——肉、鱼、蔬菜上。成城石井养成了较高的商品鉴定力，以应对成城的消费者挑剔的目光。

在成城石井的精品肉柜台，摆满了色泽鲜艳的肉类商品。不论是牛肉还是猪肉，一眼就能看出是高品质的肉，当然价格也相对来说较高一些。原先生介绍：

“肉的品质有相应的等级，成城石井的专业采购人员主要采购的是 A5 至 A4 的最高等级的商品。就等级而言，A5 的品质要高于 A4，然而这并不意味着 A5 的口感一定会更好，这是很难把握的事情。”

给肉类评定等级的是专门的检查人员，他们检查的是肉的脂肪含量、光泽度以及紧致程度等，并不是肉的口感。

“有时采购人员会判断出 A4 比 A5 的口感更好，从而采购 A4 等级的肉。不光以肉的等级来评判，还要能用自己的眼光来进行判断，这是采购人员的基本素养。”

成城石井所追求的是真正美味的商品，并非只采购上等货物就可以了。

“外表美观不一定代表味道上乘。比如，赤牛的肉几乎看不到白色的脂肪，但这并非意味着脂肪含量少，那是由于牛的种类和喂养的饲料不同。所以有人会说看上去口感不行，但实际上真的很美味。成城石井对所售的赤牛肉很有自信，但由于产量较少，很遗憾只能在部分店铺中出售。”

各地的品牌牛或是品评会上的获奖牛，有时候只是用于宣传的。不同品牌的牛肉有着不同的特质。成城石井为了迎合消费者的各种喜好，推行各种不同的举措。

另外，成城石井并没有将采购来的牛肉立刻切块或是切片出售。

“从过去到现在，我们在各个店铺一直都配备了具有肉类商品知识的负责人，要等肉类商品在店里或是供货地达到成熟状态，在口感最好的时候提供给消费者。他们不仅会挑选好的商品，还能预估最佳食用时间。在成城石井就有这样专业的行家。”

如何对采购来的肉进行处理，成城石井与别的超市有很大的差异。例如鸡腿肉，很惭愧这还是从我妻子那里听来的，她第一次在成城石井买鸡腿时吃了一惊，因为鸡肉里面多余的油脂和血块全都被去除了。

不知何故在餐厅里吃到的鸡肉和在自己家里做的鸡肉，气味上会有差别。我妻子感觉原因就在于这个油脂的部分。餐厅在处理鸡肉的时候，就如同成城石井那样，会把肉的油脂部分去掉。

“这样的处理我们做得很到位，也都是有人专门负责的。以

有专门的负责人对肉类商品进行检查，在口感最好的时候摆上货架

专业的技术对肉类商品进行处理，然后再提供给消费者。所以第一次购买的顾客会感到吃惊。”

进一步说，喂养鸡的饲料本身就有区别，这也是成城石井的鸡肉没有异味的原因。

“牛肉、猪肉、鸡肉，大部分都是能够了解到生产者信息的商品。我们将知根知底的商品，经由熟悉肉类的专业人士处理后，再销售给消费者。”

因此，成城石井希望消费者在购买商品时一定要咨询：用来做什么？做牛肉火锅还是牛排？适合几个人吃？……据说成城石井会推荐给消费者最好吃的时令肉类商品。

“懂我的人终于出现了……”

我们对蔬菜和鱼类商品在进货方面也是极尽考究的。过去还有采购人员开着轻型卡车直接造访生产方并进货的情况。原先生说道：

“在生产者中也有讲究产品品质的人。但如果是委托一般的中间商去采购，他们对讲究品质的产品和不讲究品质的产品的评价没有差别。这不是价钱的问题，成城石井需要的是懂得讲究品质的产品的好处，并将之采购回来的人。”

实际上，常常有生产者这样来评价成城石井，“懂我的人终于出现了”。不过，只依赖所谓产地直送的话，供给是不稳定的。因此，有时也会通过中间商和市场来进货。但供给有保障的话，成城石井则会从产地直接进货，把讲究品质的蔬菜运送到卖场里去。

“每年的早春时节，很多顾客期盼着能够尝到霜降白菜、深谷葱等蔬菜。这些蔬菜我们是直接与生产方进行交涉，指定采购在最好的田地里采摘的最好的蔬菜。长年以来成城石井一直坚持销售最好的商品，我认为正是消费者对我们的信赖才让这一切变为可能。”

据说成城石井的蔬菜放在冰箱中不容易损伤。这不仅仅是采购的蔬菜品质高的缘故，也是很多蔬菜都是产地直销，新鲜度很高的缘故吧。

鱼类商品也是以筑地市场为中心，经过严格挑选以后进货的。为了能保持稳定的产品供给，不能仅依靠从渔民那里进货。在鱼类商品的货源上，成城石井也是极尽所能地追求高品质。

“例如，初春有萤鱿上市，原则上我们只进购富山湾的萤鱿。此外，秋刀鱼主要是采购北海道厚岸产的秋刀鱼。”

提到秋刀鱼，一般认为三陆产的比较有名，但是由于产量大，很多都被制作成加工品。

“三陆产的秋刀鱼还比较细小，游到北海道地区的身形长得更大些的就是厚岸的秋刀鱼。真的很让人惊讶，用手抓住秋刀鱼尾部，它能朝上竖立起来，不会左右晃动。这是鱼肉很紧实的缘故。一般秋刀鱼是冷冻起来用卡车运输的，但我们重视鱼的新鲜程度，所以用飞机来运输。”

北海道的厚岸，据说从山上到钏路的湿地，有很多的营养元素流淌下来。因此大量的浮游生物来到这里，厚岸的秋刀鱼正是因为吃了这些浮游生物，才变得身肥肉厚、味道鲜美。

“一般捕获秋刀鱼都使用大网很粗放地进行捕捞，而成城石井为了尽可能避免损害鱼身，捕捞时很小心。每年有众多消费者都会期盼成城石井的秋刀鱼上市。”

价格是一般秋刀鱼的两倍至三倍，市场价一条 300 日元左右。这到底是贵呢还是便宜呢？

一旦品尝过美味就再也无法回头

社长对商品竟然这样如数家珍，也可以说是成城石井的风格吧，体现出成城石井在商品采购方面的极致追求。原先生说道：

"我此前也一直在做采购。成城石井的每一件商品都有故事包含在其中。正因为如此，现在成城石井的蔬菜、肉类、鱼类中，产生了一些品牌商品。关鲭鱼就是其中之一，以前并没有这样的名称。在遇到美味的商品时，有关海流、饲料等这些美味产生的缘由，我们都会打听清楚。并在充分理解的基础上将之传达给消费者。"

然而，品牌也伴随着失控的风险。关鲭鱼就一度产生过问题，当时出现了很多产地各异的关鲭鱼。

"重要的是，要对生产方的努力给予充分理解。我们不能只认品牌，对品牌背后的故事却一无所知。"

而且，当故事被充分理解之后，商品就会得到消费者的支持。所以故事尤为重要。

"有人说成城石井的商品价格高，单从价格来比较，有些商品的价格确实高于其他超市。然而，有执着于传递商品故事的制造者，有充分理解制造方并执着于销售商品的我们，想一想我们的商品真的很贵吗？我认为成城石井的顾客们非常理解我们。这种相互理解的过程不断地累积，使得商品种类慢慢地增多，才发展成如今的成城石井。从成城店起步，到在车站内等地开设分店，成城石井的知名度不断上升，进而扩大到现在的112间店铺的规模。”

而在店铺不断扩张的今天，成城石井的基本理念几乎没有变化。

“供应真正美味的商品，我觉得这是最为重要的。我自己亦是如此，一旦品尝过美味就再也无法回头了（笑）。我觉得理解成城石井这份执着的人越来越多，也意味着追求美味的人越来越多了。”

直接跑到产地寻找真正美味的产品，成城石井认真在做这件事。这自然会获得消费者的支持，而成就这样的成城石井的实际上就是消费者。正因为成城石井不断追求消费者所需，才发展成现在的成城石井。

第 2 章
在顾客至上主义下坚持“基本守则”

“对服务的追求”

奶 酪

成城石井的特色商品②

与红酒一样，成城石井在奶酪商品的进货和品质上也倾注了很多心血，目前约有 130 种商品。卡芒贝尔软干酪、戈根索勒芝士、白霉芝士等，每个类别都从不同的国家引进数种商品。同时还经销很多用传统做法、原料生产出来的，并获得高品质象征——原产地命名保护“AOP”的奶酪商品。

店铺重视的四项基本守则

2014年1月21日，我观摩了成城石井两年一度的“经营方针说明会”。会场离总公司很近，位于横滨SOGO九楼的新都市大厅。

会议从下午1点开始，持续了5个小时。会议前进入会场，我发现整个大厅都被成城石井的约800名员工占满了。讲坛前的一层约有500个座位，坐着以店长为首的员工们。不仅是正式员工，还有很多兼职员工。二层坐着从总公司来的员工们。

会议的第一个流程是对长年在成城石井工作人员的表彰。持续工作了10年的有27人，20年的有7人，30年的有2人。分别由1名代表致谢词。

随后，播放了3分钟左右的信息视频。接着由以社长为首，管理部、营业部、制造部、人事部等的干部做报告。然后进行的是对改革获得成功的店铺的介绍、技能审定者的表彰、优秀店铺的表彰，以及参加海外培训人员的汇报等。

令人印象深刻的第一点是，成城石井整体贯彻的“现场第一主义”，即工作一线的店铺是主角，在店铺里工作的店长和员工是核心这样的氛围。

以社长为首的干部们的报告也是以在店铺工作的从业人员们为对象的。总公司尊重工作在最前线的员工们，对他们“坚持在第一线”充满了感激之情。

可以说丝毫没有业内常见的由管理方单方面地介绍业绩，鼓舞一线努力提高营业额的气氛。我甚至能够感受到管理方对一线创造的高业绩的感激之情。

现场主义，一线是主角。这已经贯彻到了工作最前沿的管理中。

还有一点令人印象深刻的是社长原先生所强调的彻底贯彻“四项基本守则”，那就是文明礼仪、干净卫生、防止次品、鲜度管理。

这四条是服务顾客时基本中的基本，这才是最重要的经营方针、成长战略。在采访中，我就这一点进行询问，原先生如此答道：

“基本才是最重要的，我认为只有做好了基本才能有下一步的行动。无论我们采购了多么好的商品，若连最基本的与顾客打招呼都做不好，是绝对得不到好评的。成城石井有很多特有的商品，消费者因为在其他店里买不到才会来到成城石井。我们绝对不能让消费者败兴而归。”

成城石井能够得到消费者很高的支持的另一个理由，就是对以待客为首的各项服务的追求及高水准。

“只是来聊聊天也可以”的超市

实际上，有很多消费者对成城石井的卖场和收银的服务评价都很高。在店铺中，常客与工作人员之间亲切交谈的画面是很平常的。店铺中的工作人员也很多，不会出现消费者想要咨询却找不到人的情况。

成城石井还有着与众不同的特征：天花板上没有挂着说明商品位置的指示牌。据说这也是有原因的。

“如果有不明白的地方，请尽管找我们。这就是成城石井的风格，我们是一家通过交流来尽可能拉近与消费者之间距离的超市。”

据说成城石井的目标是成为一家能够进行交流对话的超市。

“不仅是超市，很多商业设施为了削减经费而减少了从业人员。成城石井从不认为‘与顾客交流不过是浪费时间’我们店里有众多的工作人员，我们希望能和顾客不断地进行交流。”

通过交流对话就能了解消费者的需求，可以向消费者推荐

“今天我们进了这款商品哦”，也可以向他们询问“上次您购买的商品觉得怎么样？”。

据说在成城石井的员工中，很多人不仅能记住顾客的脸和名字，还清楚地了解顾客的喜好。还有的员工为了满足顾客的期待，会把熟客所购买的商品记录在笔记本上。

“正是有这样的员工在，才会有顾客到店里来时询问‘今天△△在吗’，若是得到‘今天他休假了’的回答，说声‘那么，我改天再来’就回去了。不过，成城石井觉得这样也不错。说得极端一点，消费者什么都不买也行，只是来聊聊天也行。只要消费者觉得‘今天去成城石井很开心’就可以了。成城石井就是如此看待与消费者之间的交流的超市。”

这样的待客方式，在早期的成城石井就已经形成了。这在很大程度上也是受到居住在成城的，接触过国内外高水准服务的顾客们的影响。不仅在采购商品的水准上，在服务的水准上，为了得到挑剔的顾客们的好评，成城石井一直在不断努力着。

“虽然现在已经没有这样的措施了，但过去我们为了避免与来成城的顾客交流时出现紧张的局面，曾想办法让员工们去见识顾客所看到的世界。例如，组织大家一起去看歌剧，在超一流的餐厅里用餐，体验一流的酒店的服务。想看站在被服务的立场是不是会明白一些什么。我们通过与顾客站在同一立场，去努力了解他们所需要的服务。”

成城石井是在服务方面也尽一切可能追求极致的超市。

直到商品摆上餐桌为止都是成城石井的工作

除了待客，成城石井还很重视另一项服务，那就是收银。

消费者对在超市购物的一大不满就是排队收银。消费者由店员引导前往结账的收银台速度很慢，而排在后面的人却在旁边的收银台先结好了账，这种情况会给超市造成很大的压力，也是客源流失的一大因素。

为了提高收银的速度，成城石井还致力于让员工报考收银技能审定的考试，以提升收银人员的技能。其举措还不止于此。

成城石井的收银员人数原本就较多，在购物高峰时间段，还会增加人手。而且，在成城石井不是顾客自己装袋，而是由收银人员帮顾客装袋。

这项工作也是做得相当细致的。例如，在把草莓装入半透明的塑料袋中时，收银员先让袋中充满空气，然后瞬间系上，让袋子形成一个气垫，这样草莓就不会被其他的商品压坏了。原先生说道：

“虽然这样既费事又花成本，但成城石井希望自己费心采购的商品能以完好的状态被消费者带回家去。与餐饮业不同，超市的商品是要被顾客带回家的，并不是被当场吃完。消费者把商品带回家，在家里品尝，这时才会产生评价。从这个意义上来说，直到商品被消费者带回家，摆上餐桌为止，都是我们成城石井的工作。”

另外，在第 3 章中也会详细介绍，尤其是成城石井自己生产的家常菜，原则上不使用任何化工调料和防腐剂。这样一来，收银人员对保冷剂之类的防护措施就要更加关注了。

据说在购物高峰时间段，一个收银台最多会配备三名收银人员。

“在收银方面配备充足的人手，其实还有其他理由。作为能够与顾客对话交流的超市，在卖场中会配备很多的工作人员。他们须对货架上将要售完的商品进行补货，对诸多商品的最佳品尝期限进行确认，甚至还要负责第二天的订货业务。这样一来，交流的最后一关就是收银台了，收银员的一大重要作用就是让交流在收银台得以顺利开展。”

收银是当天超市给消费者留下的最后印象。

“不论待客服务有多么细致周到，商品背后的故事传达得有多么到位，如果最后的收银环节不能令消费者满意，就很有可能损坏店铺的形象。收银是与顾客交流的最后一关，也是服务的最后一关。因此，我们在收银上花费相当大的功夫。”

顾客觉得“这里是自己的店铺”

在总部有一位新上任的干部，亲自体验过成城石井所致力的出色的收银服务。他就是原本担任某大型服装生产公司的广告部长，于 2013 年就职于成城石井的合作·交流室的五十岚隆先生。他刚进公司的时候，与兼职员工一起接受培训，他在成城石井最初的工作就是在店铺最前沿的收银台学习商品装袋业务。

据说他就是在那个时候感受到了收银业务的深奥之处。

“虽说是在收银台装袋，也不是一直站在固定的收银台，而是要经常在不同的收银台之间移动。感觉到哪边的收银台要排起队来了，你就要前往该收银台做好准备。”

在第 6 章中会详细介绍，无论是兼职员工还是正式职员，进入成城石井以后都必须接受公司的培训，其中就包括收银和装袋服务方面的培训。五十岚先生说道：

“收银培训不断地刷新我的观念。装袋也有各种技巧，比如鸡蛋比较容易破碎，所以很多人会把鸡蛋放在上方，而正确的方法是把鸡蛋放在购物袋下方。”

鸡蛋横向受力较弱，而纵向能够承受较强的力量。把鸡蛋放在上方，若购物袋横向倒下，反而更容易打破鸡蛋。因此，要把鸡蛋装在最底下。

这是在对鸡蛋的强度进行准确计算的基础上确定下来的方法。

“装袋的顺序也有讲究。什么样的商品要放在底部，较为柔软的商品应该怎么装袋，在进行实际业务操作之前，收银工作的指导人员会手把手地训练新员工。这方面也时常让我感到惊讶。例如，牛奶若是竖着放，顾客在拎购物袋的时候可能会失去平衡，所以不推荐。”

但牛奶也不是只要横着装就可以了，牛奶盒正面的标签不可以朝上放置。正面标签朝上的话，封闭牛奶盒上方的三角形部分就会横过来，这样一来牛奶盒的受力强度就会变弱。五十岚先生继续解释：

“因此，正面标签不能朝上，而应该侧面朝上。这样做的话封闭牛奶盒上方的三角形部分就能够竖起来。如此就能保证牛奶盒的受力强度，并放置于购物袋的底部。”

作为一名消费者，收银员干净利落的动作和收纳商品的准确无误让我折服。同时，装好以后的购物袋非常平稳，便于持拿。这里面包含着专业的技巧。

五十岚先生在成城店参加的培训虽然只有短短的两天，但他觉得受益匪浅。

“我明白了能够进行对话交流的超市的真正含义。成城石井给我的印象是，与地域的密切融合，几乎都是老顾客，每位顾客也把这里看作自己的店。”

令五十岚先生印象最深刻的是，他在收银台默默地装袋的时候，顾客们接连向他搭话。

“我才刚来店铺，就被问了很多问题。从‘咦，你是新面孔啊’‘你多大年纪呀？’到‘你不会是被别的公司解雇了吧？’之类的各种话题（笑）。顾客们对待收银员的态度就像是‘我的员工’一样。因此，我们也必须记住每一位顾客。”

还有一点就是收银员的细致周到。

“有一天是阴天，大家非常在意外面的天气。天气会对消费者的进店造成影响，而收银员也要通过天气来判断是使用普通纸袋，还是覆膜加工的袋子。做不到这一点就无法满足消费者的要求。消费者在进店的时候没有下雨，而离开店铺时却下雨了，如果能很好地应对这种情况，消费者的感觉会如何呢？我认为归根到底是这种细致周到的服务彻底改变了消费者的印象。”

然而，让五十岚先生吃惊的还有后续。雨看起来要停了。

“下雨了，是不是就一直按照下雨的情况来应对呢？并非如此。雨停了以后，为了避免过度包装又换回普通的袋子。收银员必须像这样考虑周全。”

五十岚先生通过参加培训切实感受到了服务的细致周到、灵活机动，深得消费者信赖的成城石井的与众不同。

不存在适用于所有店铺的服务指南

重视服务顾客的成城石井其实没有服务指南，因为功能不同，店铺不同，消费者的需求也完全不同。五十岚先生说道：

“这与店铺的开发方式有关，若考虑只开一种类型的店铺，那就必须制订完备的手册。但是，开设在街面的店铺和车站内的店铺，其需求是不一样的。同样是车站内的店铺，每个车站的情况也完全不一样。因此，成城石井并没有统一的规定。我认为这也正是其优势所在。”

从管理的角度来说，有指南会比较轻松，因为这样更有效率。但是，成城石井却偏偏不这样做。

据说每间店铺内的备货，货架陈列方式都不一样。若是追求效率，肯定是采用同样的陈列方式比较好。

“对公司有利的，和消费者所追求的，这两方面是不一样的。”

成城石井总是以消费者的看法为重，而不是以效率、利益为重。因此，有同行发出这样的疑问：你们为什么要做这么麻烦的事？太没效率了吧？然而，社长原先生说这正是成城石井的优势所在。

“这就是成城石井所追求的服务，哪怕大家觉得这样做效率低下，不符合时代的潮流。我觉得光顾成城石井的消费者已经感受到了我们的服务所带来的舒适感。”

还有一些人从不同的角度发现了没有指南的服务所带来的舒适感。他们就是包括兼职员工在内的从业人员。没有谁都能胜任的服务指南，工作难度当然就随之提高了。但正是因为这样，员工们才会对自己的工作产生自豪感。

一线工作当然辛苦，但在离职率很高的零售行业中，成城石井的离职率并不高。也很少有公司每年对持续工作 20 年、30 年的员工进行表彰吧。原先生这样说道：

“服务方面的工作并不容易，销售商品也绝非易事。必须了解商品背后的故事，并将之传达给消费者。反言之，也正是因为这样我们才对工作充满了自豪感。这种自豪感源自我们所销售的商品不是哪里都能买得到的这种骄傲，以及将之传达给消费者的乐趣。”

尊重“从业人员自身的感想”

据原先生介绍，成城石井为了让员工们了解商品的故事，理解商品的价值和追求，设置了很多的环节。

例如，在总公司每月举办一次的部门会议上，设置了由采购员直接向各店铺员工们介绍商品的环节。

员工们了解商品的特点，当然也会进行试吃，还会讨论该如何向消费者宣传。在这个环节中，不论是职员还是兼职员工，很多一线从业人员都会聚集在一起。原先生说道：

“说明商品的POP，也不是只要做得醒目就能很好地宣传商品的信息。踏入成城石井的店铺中，顾客能注意到手绘的POP，实际上其中大部分内容都是在部门会议上员工们试吃时的感想。”

原先生介绍写在POP上的商品广告语也不是总部规定的。100个人试吃同一款商品，评论都不一样。

“正因为如此，我希望他们能用自己的语言向顾客宣传。这样一来，他们必须有能表达自我的语言，必须完全掌握商品的知识。其结果是，他们会爱上商品、爱上工作、爱上公司，也就掌握了向顾客宣传的能力。”

独具特色的商品备货和服务顾客的水平实际上是相辅相成的。商品差异化提高了员工的意识水平，服务水准也随之提升。服务水准提高了，就能应对范畴更广的商品备货。成城石井的员工们就是这样不断地取得进步。原先生继续说道：

“销售随处可见的商品的人，会具备商品知识吗？几乎不会吧。最终不过是价格竞争而已。销售不同的商品的话，就要了解商品的知识，学会根据消费者的需求来随机应变。面对非常喜爱并熟悉红酒的顾客，和面对第一次喝红酒的顾客，待客方式必须有所不同，给顾客的提议也要随之改变。若能做到这样，员工会很开心，因为这样毫无疑问能让顾客高兴。”

边交流边提供商品，让消费者了解、品尝美味。成城石井就是通过这样的方式不断地扩大着自己的粉丝群。

不以销售额来考评店铺

成城石井对以服务为首的“基本守则”究竟有多重视，成城石井对店铺和员工的考评方式就可以印证这一点。社长原先生说道：

“所谓销售额，很多时候会受到外界因素的影响。比如附近开了大型超市，反之大型超市关闭了，又或是新建了一些设施改变了人流等。仅靠店铺自身的努力很多时候也无济于事。”

那么，成城石井会考评店铺的哪些方面呢？包括基本守则在内的卖场状态，以及将总部的决策实施到何种程度。推行考评制度的人事部长、CS推进室室长千叶文雄先生介绍：

“各个店铺的销售额和利润等方面是最终的结果，而成城石井是以过程中产生的数字来对店铺进行考评的。为此我们就要分析数字，进行各方面的调查。”

例如，Mystery-Shopper（神秘顾客），日语中称之为秘密调查。事先不通知店铺，由外部的调查人员对店铺进行审查。审查项目是前面提到的四条基本守则：文明礼仪、干净卫生、防止次品、鲜度管理。对这些方面进行审查后打出分数。

店铺每个月都要接受这样的调查，还接受通过数个诊断方法进行的检查。千叶先生说道：

“除了这种我们称之为CS监测考评的一般秘密调查外，还有卖场诊断和消费者诊断，我们从这三个角度对店铺进行审查。所有店铺的CS监测考评，每两个月进行一次；卖场诊断半年进行两次；考察服务能力的消费者诊断则半年进行一次。”

在CS监测考评中，包含店内礼仪（满分30分）、卖场服务（20分）、收银服务（20分）、仪表仪容（10分）、商品管理（10分）、干净卫生（10分）这些项目。每一项分开打分，然后算出总成绩。

我看了实际的考评打分表，上面清楚地标明了审查和评分项目以及得分。卖场、收银服务项目还附有300字左右的总评语，上面记述了如一名员工发卡使用不到位等内容。通过出其不意的调查能立刻检验出店铺的日常水平。

卖场诊断则要在果蔬、精品肉、鲜鱼、日用品、食品、杂货（瓶装、罐装饮料等）、点心、酒类柜台分别进行。审查项目有整理是否到位，是否有杂乱和次品，商品是否新鲜……不仅要对各个柜台打出分数，还要附上具体的评语。

“CS 监测考评和消费者诊断是委托专业的外部同行来进行的，而卖场诊断自 2013 年起听取家庭主妇消费群体的意见。她们给予了相当高的评价，我们感到非常荣幸。另外的两项调查都是经受过专业人士挑剔目光的考验，而卖场诊断则是以一般主妇的眼光来审视的。得到了很多褒奖，甚至有人评价说‘还有这么棒的超市呀’。我们的目的是要发现问题，对于这样高的评价反而觉得有点为难（笑）。”

考评还包括店铺对总部决策执行力的数字分析。详细内容会在第 4 章中介绍，通过这一审查可以清楚地了解每月店铺中由总部推荐的 130 件左右的商品，和季度推荐商品的销售情况。

秘密调查给出的考评都是数字的形式，因此可以根据得分来对店铺进行排名，也可以按照基本要素来进行排名。千叶先生说道：

“在每周一召开的管理会议上，首先宣布该店铺在上周进行的调查中获得了什么样的评分。为什么数字会产生变化？若是出现了不尽如人意的数字，该采取什么样的对策？这才是管理层最为关心的问题。”

成城石井的管理层最关注的不是销售额，而是店铺的这些最基本的方面。

基本的事情是只要想做就能做好的

社长原先生觉得，或许正是由于成城石井一直很好地坚持了四条基本守则，才有了最近几年戏剧性的发展。

“过去是由肉、鱼、蔬菜类商品和内行来进行定位的，因此比起服务水平，更重视商品知识。但是，自从以车站内店铺为首的各种形式的店铺开设以后，呈现出了多样化的服务需求。往后，在提高商品知识水平的同时，要比以往更加重视服务水平的提升。”

为此，原先生认为员工们首先必须爱上自己公司的商品。如果做不到这一点，商品知识和服务水平就无法得到提高。

“因此，在员工录用阶段，就要有意识地录用对成城石井或者销售商品感兴趣的人，以及热爱饮食文化的人。对那些原本就关注我们的人，了解成城石井真心诚意地供应商品、宣传商品的优势所在，所以他们会更加喜爱成城石井。而我们向消费者宣传的能力也随之得到提升，同时好的服务会让消费者变成我们的忠实粉丝。我认为成城石井在这十年间形成了这样的良性循环。”

然而，考评的对象不是销售额这一结果，而是销售的过程，这样做往往伴有风险，容易滋生“虽然没有做出结果，但我们已经努力了”这样的情绪。意识到这么做的风险，却仍然坚持的理由是什么？

“不论繁忙与否，基本的事情只要想做最终都能做得很好，文明礼仪、干净卫生、防止次品、鲜度管理，这四条基本守则亦是如此。发展战略虽然也需要技巧和技术，但把基本的事情贯彻到底就能得以实现。”

若背后有坚实的基础支撑着，结果早晚会有。反过来，若只一味地追求结果，那基础就会被忽视。

“在零售行业想要追求结果，最简单的方式就是贩卖便宜货，这样做就能拉动销售。不过，这只是短期内的成效。这并非成城石井的顾客所需要的，这样做最终会导致失去消费者的信赖。我们的目的并非如此，追求结果而失去信赖，这是本末倒置。”

而实际上要做好基本的事是很难的。

“能做好理所应当的事情是多么难能可贵，虽然这是做生意的基础，但真正认识到这一点的人很少。因此，我认为努力做好基本的事，并将之量化是很有意义的。”

不是偶尔为之，也不是想到才去做，而是每天持之以恒地去做。正是因为明白坚持做好基本的事情很不易，才有必要考虑采取相应的对策来将之实现。

“作为领头人，必须让自己的员工认识到这是最根本、最重要的事情。否则就有可能出现类似这样的情况：不跟顾客打招呼会被店长训斥，今天店长不在就算了吧。必须让所有员工明白最重要的事情是什么，必须做到的事情是什么。”

因此，基本守则才会成为经营会议的第一个议题，在经营方针说明会上社长才会亲自强调。社长原先生断言：

“在成城石井的经营管理中，排在第一位的就是四项基本守则。做不到这四项，不论做出什么样的成果都不会被纳入考评体系。而实际上，做出成果的店铺在四项基本守则上分数很高。做好了根本，店铺的团队合作能力和组织能力才会提高。”

成城石井贯彻的方针就是：整个公司坚持基本守则，并且直接纳入考评体系。

在繁忙时期总部的员工也会前往店铺帮忙

本章开头提到了“现场第一主义”，成城石井在这方面的指导方针也是始终如一的，总部的态度非常明确。原先生说道：

“在零售业内，总部和采购人员的意见往往备受重视。销售一线提出‘采购人员进了这样的商品，是卖不出去的呀’的意见，总部则回复‘这么好的商品为什么卖不出去？是你们一线人员工作懈怠’。为了避免形成这样的风气，成城石井经常会派总部的工作人员前往销售一线。”

并非派他们去视察店铺，而是去工作。在人手不足的时候，总部的工作人员穿着围裙站在店铺里，这样的场景在成城石井很常见。在节分[1]、情人节、女儿节[2]等节假日里，或者在搞活动的时候，总部会减少会议而前往一线支援工作。这就是成城石井独具特色的组织体制。

“情人节时，负责采购点心的工作人员绝对不会出现在总部，毫无疑问会在现场支援。这体现了成城石井的凝聚力，既然在同一家超市工作，总部和店铺就是一个整体。

“在繁忙的时期，只有店铺忙得热火朝天，而总部在开着几小时的会议，怎么想这样的场景都很奇怪吧？如果搞大型的活动，总部也会前往店铺全力支援。这样的工作氛围也是成城石井一贯的传统。”

据说正因如此，在季节性的活动时期，成城石井的总部会变得空荡荡的。社长原先生也曾经常前往一线支援。他穿着围裙跟顾客打招呼，和年轻的员工们一起摆放货架、整理购物篮，接受消费者的咨询和提问，这就是成城石井的社长。

社长的工作越来越繁忙，近来已经不去店铺支援了，但是采购人员、管理岗位的员工们都会欣然前往一线支援工作。

“因此，总部的员工们也都要接受服务和收银等的培训。反

① 2月3日是立春的前一天，在日语里称为节分。

② 3月3日，日本五节之一，又称桃花节。

言之，若不清楚销售一线的工作，就不能胜任自己的本职工作，无法下达指示。比如了解一线的工作情况，就会尽量避免在最忙的时间段里往店铺打电话。”

店长工作最忙的时候是在上午，因为在中午 12 点以前要完成第二天的商品订购工作。在这个时段里，只有发生紧急的情况才会给店长打电话。

“组织越庞大，这种一线的感觉就会越淡薄，所以奔赴销售一线的意义重大。只有这样，总部与店铺之间的交流才会变得完全不一样。诚然，消费者的意见也有益于总部的工作，因为采购人员能够直接听到严厉的批判声。因此，一定要让优秀的采购人员去销售现场。成城石井的采购人员不用说也会自动跑去的（笑）。”

“店铺自身的情况与消费者无关”

大型店铺或是公司都较缺乏临机应变的能力，因为客户、相关人员众多，商品数量庞大，操作的资金数额巨大，有些时候无法进行迅速且细致的处理，这也是难以避免的现象。

例如，首都圈内若是下大雪，一般零售业的物流就会陷入瘫痪状态。据说其中实际包含了两方面的原因，不仅由于降雪货车无法运输，还有一方面是日常的节奏被打乱了以后，票据的处理一下子变复杂了，从而导致货物中心暂停了货物的运输。所有需要配送的货物未能到达货物中心，店铺或者公司只能等待货物的运达。

“有时候并不是物流中断了，而是公司根据自身情况中断了物流。但是，消费者需要商品，即使处理过程变复杂了，还是应该优先把商品运送到消费者手中。然而，复杂的连锁经营方式无法实现这一点。而成城石井的处理就很简单，那就是想方设法运送商品，票据处理之类的可以后面再补，首要的是运送商品。因为消费者在等待着，这一点大家心里都清楚。”

拥有112间店铺的成城石井也是采用链式运作方式来经营的。但是，原先生说操作体系并不是固定的。

“作为超市，没有牛奶是不可想象的，这就是我们的想法。不过，一旦配送网停止运作，应当运送至物流中心的所有商品无法抵达，在这一点上成城石井也是同样的情况。然而，成城石井不会无限制地等待商品全部备齐，也不会停止配送。哪怕只有一半的备货也会让商品上市。”

当陷入商品突然缺货的状况时，往往会从附近的店铺里调货至其他的店铺。店铺之间对此都达成了共识，这样的处理方式也是成城石井的传统。

“我认为这也是成城石井的优势所在。这是从过去就传承下来的传统，我们的想法是不能让店铺缺货。”

店铺之间不是竞争对手吗？店铺不在意自己的销售业绩吗？我提的这些问题得到了明确的答复：

“公司或者店铺自身的情况与消费者无关。

“从现实角度考虑，比起费时费力地调货，缺货、销售额略微下降可能对公司的利益而言要有利一些。但是，在成城石井的观念中，这种想法是不对的。”

调运过来的商品也全部售罄了，考虑到由此产生的费用，在利益方面确实难以言喻。

“即便如此，我们还是要调货，因为我们的目标是不一样的。我们不是以营利为目的而调货的，我们是因为消费者需要商品才这么做的。这就是成城石井的理念。”

这种做法最终会产生效果，相信优先考虑消费者的态度，顾客一定能感受到。

“所以我们一直坚持贯彻四项基本守则。牛奶缺货一天或许不会导致销售额下降，但我们看重的是，要让消费者知道不管什么时候去成城石井都能买到牛奶。在成城石井，热门商品肯定有得卖，寒冷的时候有想吃的食品……我认为这就是信赖关系产生的根源。”

正是这种信赖关系的不断积累才造就了成城石井。

“我们做的还远远不够。不过，我们至少没有牛奶缺货的店铺。豆腐也好，鸡蛋也好，如果这些基本的商品供应不上，顾客会怎么想？我们时常带着这样的危机意识工作，这与营利无关。”

服务本身也不是目的，不过是满足消费者期待的手段。这也是不可动摇的“基本”。

第 3 章 为什么备货能够独具特色

“强劲的购买力以及 central kitchen”

白菜泡菜

成城石井的特色商品③

掰开白菜的叶子，一张一张地撒上盐，放置一个晚上以去除水分。通常是先切白菜然后再撒盐，但是白菜的美味会从切口处流失，所以在成城石井不用刀切白菜，坚持手工在每一颗白菜上撒盐。从冲洗盐分、涂抹腌料、腌渍、切块到包装，所有操作不用机器，全部手工完成。获得了“不只是辣，口感很独特”“配啤酒、配米饭都很好吃”等诸如此类的好评。在电视上被介绍的时候，演员也表示“想尝尝这个”“应该很畅销”“节目录完以后买点回去”。

消费者的期待：在成城石井肯定有卖

人们常常会通过博客、推特、杂志等媒介，模仿潮流人士来选择商品。

这个时候很多人会想“这些商品哪里有售呢”，据说他们首先会到成城石井寻找，内心期待去成城石井看看说不定有售。

事实上，不仅有消费者来店询问，甚至有很多媒体也抱着这种期待前来垂询。这款商品现在是否有售啦，行情怎么样啦……他们前来询问的理由是成城石井总是能最早体现流行的趋势。

举个最近的例子，那就是椰子。从椰子水到椰奶、椰油、椰子点心，成城石井均有销售，用椰奶制作的泰式咖喱也非常受欢迎。

椰子之所以如此备受关注，是因为大家了解到，世界范围内高度重视美容和健康的名流贵妇们都爱用。社长原先生说道：

“为什么美国的大艺术家、好莱坞明星过了 50 岁看上去还那么年轻？据说她们一直饮用和食用椰子。”

而在此之前，成城石井的买手就已经感觉到了这一流行

最近行情很好、常常脱销的“有机椰油”

趋势。四五年前开始流行的枫糖也是如此，成城石井及时抓住了流行的动向。为什么成城石井能做到这一点？原先生继续道：

“成城石井的买手们不停地在世界范围内寻找隐藏的优质商品。因此，当商品在日本的知名度提高并流行起来的时候，大多已经出现在成城石井的店铺里了。买手们的任务就是走向世界，率先读取潮流，并将之传递回日本。”

成城石井总部采购人员约有 20 名，分别负责不同的商品类别，据说每个月都有买手在周游世界。他们参加展览会，逛卖场或餐饮店，跑市场。

“他们是只考虑如何把真正美味的东西送至成城石井的一个群体。”

潮流不仅限于新兴产品，据说像巧克力那样的传统商品，也有不同的潮流变化。

“马上会流行苦味的巧克力啦，可可含量高的比较好啦等，这些潮流的信息要前往产地国才能获取。红茶也有流行的趋势，比如带点涩味的口感较好之类。在红茶领域，英国有着被称作品茶师的优秀专业人士。我们通过与他们交流，获取最新的动态信息。”

若只依赖进口商或者批发商来采购商品，是做不到这一点的。正因为拥有自己的贸易公司，有在全世界奔波的采购人员，才能抓住细微变化的潮流。

“我们也有通过农协或者市场购进的商品，当然买手们也会在日本国内寻找好的商品。我们所经销的产地直送的蔬菜，一直以来都不是经由农协或者市场进货，而是采购人员直接去产地品尝，然后签约。”

不通过中间商来进货，其优势是可以采购到优质商品，但却相当费事。

“从市场上购买的话，进货一下子就搞定了。然而，成城石井会与每一个农家进行交流，所以成城石井的商品能够反映出生产者的信息。”

有机栽培的蔬菜很受欢迎，但是仅靠一家生产方不可能满足所有需求。此外，季节不同采购到的商品也会有所变化。而与全国各地的农家有交易的成城石井，能够依据季节从各产地交错进货，产品供给很稳定。成城石井是纵贯日本列岛来采购有机蔬菜的。

能够做到这一点，是由于成城石井不经由中间商，而是与数目庞大的农家直接进行交易，因为成城石井不怕费事。

没必要在所有的店铺中出售

那么，为什么生产方会从众多零售店当中选择与成城石井合作呢？包括产地直送的蔬菜在内，成城石井经营很多稀有的商品。据说很多生产方、制造方只为成城石井供货。

尤其是农作物等产品，生产方若经由批发商来销售可能利润会更大一些。原先生解释道：

“与成城石井交易的生产方，都是对产品有执着追求的制造者。但是，他们的执着未必一定能得到经销商的认可。因此，每天到田里灌溉、精心培育作物的人，和两天才灌溉一次的人，如果获得的回报和评价是相同的，那有追求的生产者就会失去生产热情。”

但是，成城石井的采购人员看重的正是对方是否有追求，他们想知道的是有没有能够向消费者传递的有关产品的故事。

“实际上，有很多生产方希望消费者能了解自己的追求。他们非常渴望得到像成城石井这样的店的评价和经销。”

而且，成城石井不是依靠价格来竞争的超市，它认真地宣传商品的优势，保护商品的价值，并以生产方也认可的价格来销售商品。

成城石井不会勉强生产方，不会要求他们提供 112 间店铺所需的商品，只要生产方尽其所能和所愿来提供商品即可，商品也只在部分店铺里供应。

“在规定时期内产品必须配送至所有店铺，这是连锁经营模式的基本理念。成城石井则不然，只要能在部分店铺里供应就好，能生产多少就是多少，只能在某段时间供应也行，这是成城石井对供货方的要求。如果不这么做，就无法采购到真正优质的商品。”

这样做效率低，且费时费事。然而，成城石井为此形成了自己的订货模式。效率不是第一位的，如何把美味的商品运送到店铺中是最重要的。

“也有供货方提出若是生产不出好的产品，就取消当年的订单。这样我们也接受，我们不会因为去年产品卖得好，就要求对方今年快点供货。因为把得不到生产方认可的商品摆放到店铺中销售，这是对生产方的不敬，我们不会做那样的事情。我们只会拜托对方：若是明年有好的产品请一定供应给我们。”

成城石井尽量不给小规模的产地造成负担，把采购来的商品全部售完，不退货。刚开始从少量的交易着手，等到建立了信赖关系后再扩大交易规模。

“难能可贵的是，不久之后这些生产方还给我们介绍了别的生产方。优质生产者会为我们带来其他优质的生产者。成城石井就是这样逐步地接触到越来越多的优质生产者。”

花费两年时间说服生产方

提到大型零售店的采购人员，他们往往给人以大权在握的印象，甚至还给人留下以施恩的傲慢态度对待供货方的印象。成城石井的采购人员则完全不同。原先生介绍：

“我们的采购人员必须对产品进行试吃，在认可产品的基础上再拜托对方供货。成城石井原本就是这样放低姿态来请求对方提供商品的。”

不仅对待日本国内的供货方是如此，对国外的更是如此。成城石井的名字流传到海外是近几年的事情，在过去完全不知名，在某些地区至今仍然没有知名度。

“所以我们的采购人员才会拼命请求对方让我们销售他们的产品。”

在海外采购的时候，据说最有效的手段就是把成城石井店铺内的照片展示给对方看。因为这样对方就能对成城石井销售什么样的商品，从世界各地进口什么样的商品一目了然。

“对方一看到照片态度马上就变了。哦，你们还有这个红酒哇，你们卖这个橄榄油哇，连这个火腿都有哇……这些令他们震惊不已。而且在这么小的店铺中光奶酪产品就包括洗净乳酪、白霉芝士、鲜奶酪、硬质奶酪等世界各地的产品。在大型店铺众多的海外，似乎难以想象这么小型的店铺居然有这么丰富的备货量。经常有人感慨‘这到底是怎样的一家店哪’。”

世界一流的制造商不是随意供货的。很多制造商希望把商品销售给了解、懂得商品的价值，并且认可自己的消费者。

此外，制造商还可以通过店铺中陈列的商品来判断成城石井的购买实力。他们惊讶于“日本的零售店居然能与那个制造商做贸易”。然而，即便这样要促成生意也绝非易事。

“现在店内有一款很受欢迎的商品——名为帕大米其安诺雷斯安诺的奶酪。这是非常美味的一款奶酪，从买手第一次拜访制造商到开始交易，足足花费了两年时间。从世界各地引进真正美味的商品就是如此之艰难。”

然而，一旦获得了对方的信任，就会有下次的合作。若对方认识到你是不错的交易对象，还会介绍其他世界级的制造商给你。

对制造商来说，成城石井在日本是国际型的大公司，能与成城石井做生意意味着自己的产品得到了严苛的买手的认可。这本身也提升了自身的品牌形象。

事实上，有些制造商以和成城石井的交易往来为契机，开始与大型零售公司进行合作，与成城石井的交易反而减少甚至没有了。

“随着生产规模的扩大，生产者也发生了变化。若是生产方失去了我们所寻求的执着的话，我们就不能再与之合作了。因为他们满足不了消费者的需求。”

品质下降，成城石井就不再销售，有这样的商品真实存在。成城石井就是如此严格地对待所采购的商品的。

买手绝对不会被品牌左右

据说成城石井的采购员去海外出差一次，就能开发 1 至 2 家新的合作公司，一年下来就会发展 20 至 30 家合作公司。

不论是在国外还是日本国内采购，买手们出差回来以后就会召开报告会，会上决定采购商品的优先顺序。

“大家在会上对想要采购的商品按照‘S、A、B、C’四个等级进行评估，以决定从哪个开始购进。若觉得这个潮流为时尚早，就稍作延迟。若感觉这个潮流马上就要来临，那商品就要优先购进。”

然后在不到一个月的时间内准备好样品，定出大致的价格。在此基础上确定要着手销售商品的期限。另一方面，若想对商品的原材料或生产情况进行确认，则会不惜费时费力地前往工厂察看。

诚然，成城石井也并非总是能准确地预估流行趋势。他们往往是在挑战，所以也会有失败。

“有一种名为熏马苏里拉的奶酪，是将马苏里拉奶酪稍加熏制而成的奶酪，直到最近才终于得到大家的关注。这种奶酪稍微烤一下就会非常美味，现在广受欢迎，而成城石井早在五年前就经销这种奶酪了。当时由于引进得过早，完全无人问津。”

流行趋势是要在对世界的潮流观察之后再解读的，但与消费者产生“我想要这样的商品”的欲望相比，则显得为时过早了。这是所谓的领先一步，而实际上领先半步的样子则刚刚好。

“不过，对于流行趋势的把握是非常难的。有一种名为法罗的小麦，如今被用于沙拉等菜肴中，渐渐开始流行起来，而我们早在十多年前就开始销售这种小麦了。一直以来我们少量持续销售着，最终迎来了法罗小麦的潮流，变得畅销了起来。”

很有意思的是，成城石井的买手绝对不会被品牌左右，无论口碑多好的品牌，必须亲自品尝、询问以后再做判断。使用的是什么样的原材料？采用的是什么样的制作方法？如何培育、发酵？怎样杀菌、洗净？怎样挑选商品？如何进行包装？……要对商品背后的详情进行确认。

“我们对品牌本身有没有名气并不关心。有些商品的品牌曾经具备一定的实力，但在机器生产代替手工制造以后，就失去了以往的价值。因此，我们不会因为是名牌商品就会采购。我们采购的不是品牌，而是在商品制造上的追求和执着，是商品背后的故事。”

因为做到了这种地步，所以店铺中也绝不会出现不适宜的销售方式。在销售日本酒的货柜，冰柜上方的荧光灯是不打开的，因为荧光灯的紫外线会影响酒的品质。据说有制造商看到这个货柜以后说“幸好没把我们的日本酒放在会开灯的店铺中”。

“我们的店铺时常革新，仅靠过去的成功经验是绝对不行的，我们一直抱着这样的危机感。所以负责备货工作的采购人员责任重大。”

不愿强行推销自有品牌的商品

另一个让采购人员大展拳脚的领域，就是被称作成城石井的“原创商品”的自有品牌商品。所谓自有品牌商品是指零售店委托生产方按照自己的要求生产的商品，是真正的自己公司品牌的商品。

“成城石井在全世界范围内寻求自己所想要的商品，但也有怎么找也找不到能满足自己要求的商品的时候。由此我们就产生了自己生产商品的想法，这就是我们的原创商品。”

成城石井的原创商品包括直接进口的商品、自己制造的商品在内，已经达到了2300至2500种，有味噌、橙醋、牛奶、泡菜、果酱……在自有品牌商品方面，成城石井有着与其他零售业完全不同之处，那就是低调。

实际上，不论哪家零售店都会在自有品牌商品上打上大大的公司标牌，陈列在店铺中醒目的位置出售。因为，销售自己公司开发的商品盈利是最高的。而成城石井的自有品牌商品，虽然也打上了“成城石井”的标志，但并不醒目。在店铺中，一般也只与同类商品摆放在一起出售。

有的顾客购买商品时也没有注意到是成城石井的自有品牌商品，以为是成城石井挑选的品牌商品。甚至还有的人根本不知道成城石井有自有品牌的商品（本人正是其中之一）。社长原

原创商品与其他商品一样陈列在一起（前排货架中间的就是原创商品）。重要的是要为消费者提供“挑选的乐趣”

先生说道：

“我们不想强行推销自有品牌商品。购物过程中包含了挑选商品的乐趣，我们一定要在店铺中为消费者保留这种乐趣。以挑选草莓酱为例，是选日本国产的还是进口的草莓好呢？在日本国产草莓中是选 amaou[①] 还是其他的好呢？是选低糖的还是高糖的呢？消费者的喜好是多种多样的。这里面不存在正确答案，我们认为不论消费者选择哪款商品都好，最重要的是我们要提供高品质的东西。”

---

① amaou，草莓名称，福冈的著名特产。

若消费者在对比了口感后，最终选择了成城石井的原创商品，那是很荣幸的事。消费者通过各种选择、尝试，感觉还是最喜欢成城石井的原创商品，这是最令人高兴的事。因为，成城石井的原创商品是其彻底追求的商品。

“不使用砂糖的果酱”

在成城石井的原创商品中，一定要向大家做一番介绍的是果酱。卖场中有二三十种果酱，成城石井的备货非常充足。在原创商品中还有这样一款商品——“不使用砂糖”，糖度却达到四十五度的果酱。

果酱属于易保存食品，一般将大量的砂糖和水果放在一起炖煮而成。但成城石井制作果酱不使用砂糖，这颠覆了一般常识。而且，不放砂糖大家肯定会觉得甜味不足，但这款果酱的糖度却达到了四十五度，这就是成城石井的原创果酱。

“想要降低果酱的制作成本是非常简单的，只要多放砂糖就行了。因为是易保存食品，放砂糖也是正常现象。这样一来，就可做出以砂糖来提高糖度的低成本果酱。”

也就是说，廉价的果酱水果含量少。看一下标签，原材料是从砂糖开始标示的商品，市场上几乎都是这类果酱。

“标签上第一个标示的是含量最多的原材料。砂糖列在含量第一位的果酱，可以说消费者吃的不是水果，而是砂糖。另一方面，在意果酱糖度的人也不在少数。身体方面的原因，有的消费者想要低糖度，甚至不使用砂糖的果酱。

“不使用砂糖仅靠水果来提高糖度，实际上是非常困难的。使用大量水果来保持甜度是高难度的技术。”

然而，成城石井的百分百水果果酱就是采用了如此高难度的技术，做成了“不使用砂糖”糖度却高达四十五度的产品。这也是在成城石井的极致追求下诞生的商品。因此，明白其价值的人觉得“这个很了不起”“这个价钱算便宜的”。事实上，这个果酱与全是砂糖的果酱的味道完全不同，真的非常好吃。

不使用砂糖的“成城石井百分百水果”果酱

“不用砂糖，要调出甜味相当费事，生产方也嫌麻烦，但还是努力做了出来。”

这背后蕴含了成城石井想要为消费者创造出可以根据自己的喜好来挑选果酱的想法。果酱货架上的商品看上去大同小异，成城石井的货架则不一样。据说成城石井陈列的商品可以依据消费者当时的需求准确提供。

“我想在商品备货上，能够做到满足所有消费者的细致需求的店铺并不多。在数量众多的商品中也有好几种砂糖含量较高的低价果酱。但仅有这些商品是不能满足所有需求的。成城石井想要很好地为那些不仅看重商品的价格，而且追求商品品质的消费者服务。”

据说在欧洲，百分百的水果商品非常普遍。

“现在法国圣桃园的果酱广受欢迎，我们想把这个潮流调整成日本风。降低糖分，更改原料增加果汁，增加固体物含量，我们要尝试自己制作更适合日本人味觉的商品。”

保留原汁原味的欧洲味觉，调整成日本风味的原创商品，能够同时做到这两点也是成城石井的优势所在。成城石井的红酒除了原产地的商品外，还有一些品种是在原产地的酿造者与成城石井协商制成的产品。

曾经担任采购员的原先生说，在食品潮流发生巨变的现在，从事采购工作难度很高。事实上采购是极富挑战性的一项工作。

由于没有能够达到要求的商品，所以只能自己生产

若是遇到世上没有的、采购不到的商品，那就自己生产。与自有品牌商品一样，源于相同理念的是成城石井的原创家常菜。

一般的超市都是向外部的食品加工厂订购家常菜，而成城石井从仅有一间店铺的时期开始，就自己制作家常菜。社长原先生说道：

“我们考虑为消费者奉上真正美味、优质的商品时，随即想到的就是家常菜，想要提供美味的烧卖、香肠、便当等商品。不过，成城石井在这方面也有着自己的执着。比如对食材的要求，不使用合成色素、防腐剂等。然而，没有地方提供这样的商品。拜托加工厂生产，对方嫌成本太高、太麻烦，不愿意生产。因此，我们只有自己制作了。”

刚开始的时候，是在成城店制作菜肴，并配送至周边的店铺。但随着店铺数量的不断增加，成城店的厨房会无法满足需求。于是成城石井于 1996 年建成了“central kitchen”。当时的成城石井仅拥有数间店铺，却投入了大量的资金建设食品加工厂。

“成城石井所有举措的出发点都不是为了利润，我们考虑的是如何做才能满足消费者的需求。”

看成城石井店铺中摆放的家常菜，立刻就发现与其他超市、

便利店的商品完全不同。成城石井自己策划、开发、制造出来的家常菜，非常地道。

有诸如烧卖、土豆沙拉之类的普通菜式，也有类似二月份会在店铺中陈列的菜肴：西兰花虾肉沙拉、卷心菜和五月皇后[①]韩式炒鸡肉、卷心菜五花肉韩式豆腐粉丝锅、椰奶带头虾红咖喱……这些是在其他超市或便利店都看不到的地道菜肴。原先生介绍：

“比如麻婆豆腐这道菜，我们做的是花椒较多的正宗中式麻婆豆腐。第一次品尝的顾客都感到很吃惊，没想到这是超市做出来的菜肴。诚然，对于菜肴存在一定的个人偏好，我们重视的是不放多余的添加剂，高质量的食材以及正宗的口味。从这个角度来说，我们所追求的并不一定会迎合所有人的喜好。我们做的米粉[②]中一定会放很多香菜。我们的每一件商品都是纯手工制作，都是很费时费力的商品。”

一流厨师制作的充满“家庭风味”的正宗料理

成城石井自己的加工厂“central kitchen”地处东京都町田

① 五月皇后，May Queen，土豆品种。
② 米粉，越南菜的代表。

市，制作家常菜、火腿、香肠、面包和甜品，共约有 400 名员工。

central kitchen 工厂生产的家常菜和加工食品达 200 种以上，用专用卡车直接运送至日本全国的 112 间店铺。

即便有自己的工厂，又如何能确保做出口味正宗的家常菜呢？就此我询问了 central kitchen 的负责人，同时担任常务董事、制造本部部长的小川学先生。

“那是因为我们有专业的厨师在制作。”

成城石井的家常菜是由曾就职于一流酒店、一流餐馆、日式餐馆等的专业厨师制作出来的。

他们都是达到了可以自己开店水平的厨师。为什么如此专业的人士会在超市的食品加工厂工作呢？

“其一，零售业有着与餐饮业不同的魅力。例如，即使在自己经营的餐厅，每天的食客至多也就 100 位。而在成城石井售出的话，规模就完全不同了。比如很受消费者欢迎的椰奶带头虾红咖喱的日销售量为 1700 份；用真正的羊肠制作出来的猪肉肠的日销售量为 4000 袋；含葡萄干的高级乳酪蛋糕的日销售量也达到了 4000 块。”

也就是说，成城石井提供美食的规模是一般个体餐厅无法比拟的。

“另一个原因在于成城石井的优质食材。成城石井在食材上有着诸多讲究，同时得益于零售业在采购规模上的优势，进货价格比个体店铺便宜。能够用好的原材料，以合适的价格提供给消费者，这对厨师来说颇具吸引力。”

一流的厨师们在产品开发上钻研的成果，就是陈列在成城石井的店铺中的家常菜。

菜肴一般都是消费者打包带回家食用的，所以成城石井在调味上很注重“家庭风味”，其中也展现了专业的技术。

每天手工去皮 2500 个土豆

我曾在 central kitchen 的内部观摩过。卫生管理非常严格，工作人员询问我鞋子的尺寸时让我很费解，原来是要将访客专用的拖鞋更换成内部参观学习专用的鞋子。同时递给我的还有包括脚在内覆盖全身的纯白连体式工作服。穿上工作服以后，还要戴上能够罩住头发的网以及口罩。

用消毒液仔细清洗每一根手指后，用滚动除尘器去除全身上下的灰尘。至此清洁工作还没完成，入口处的门打开以后来到一个三四平方米大的小房间，从左右数个孔中吹出强劲的风，将身体上所沾的东西全部吹掉。至此，我才终于得以进入 central kitchen 的内部。

里面摆放着很多大型烹饪器具，小川先生为我一一做了说明。令我惊讶的是，绝大多数的操作都是由手工完成的。小川先生解释：

“如果是不会影响食物口感，且可以提高生产效率的部分，我们就使用机器来完成，但我们尽力做到接近纯手工制作。我们这儿几乎不存在使用大型机械自动化生产的情况。很多前来参观的访客都为此感到惊讶，事实也确实如此。不过，个人认为手工制作的产品品质会比较高。”

实际上，当时在我眼前正在烹饪，并排放着的约 10 口大锅中的一个正在炒粉丝。菜单开发者本人正用大型的铲状烹饪工具在翻炒着，真的是手工制作。

“很多种类的商品是小规模生产的，如果使用大型机械反而会增加成本。而且我们的菜单也在不断更新着。”

并不是引进大型机械，就要尽可能地依赖机械生产。而是即便效率低下，为了制作想要的产品也不依赖机械。这一举措促使成城石井的菜式不断推陈出新，形成了成城石井如今的家常菜柜台。

“我们也有使用机械的场合，但是没有全部依靠机器生产、包装完成的产品。香肠的肉类填充作业是由机器完成的，但是放入烟熏间进行熏制是人工完成的，装袋作业也是手工完成的。”

不使用机器生产还有另外一个理由，那就是对口感的追求。

不使用机器手工去皮的土豆沙拉，因土豆味道更为浓郁而得到了消费者的好评

例如在制作土豆沙拉的过程中，去皮这道工序是人工完成的。

“也有便捷的去皮机器，把大量的土豆放入机器，土豆来回滚动的过程中，内侧有像刨子一样的削皮器削皮。这样用机器削皮以后，再将土豆蒸熟、捣烂，做成土豆沙拉。为了实现大批量生产，大多数商家都以这种方式来制作土豆沙拉。但是，我们这里不采用这样的制作方式。”

成城石井是先将土豆蒸熟，待土豆变软以后进行手工去皮。

“土豆的表皮下方是土豆最美味的部分，若使用机器去皮就会破坏其美味，口感会发生变化。”

土豆沙拉是很受欢迎的经典商品，据说每天的销售量达到500千克至600千克，每天手工去皮的土豆约有2500个。

“大家一起手工去皮，这道土豆沙拉的菜谱原本也是由一流酒店的主厨创作出来的。”

土豆沙拉只是其中的一个例子，成城石井的所有商品都有着自己的追求，都很耗时耗力。

“广受好评的高级乳酪蛋糕因为其中含有葡萄干，不能使用机器生产，所以我们坚持手工制作。开发者的精神就是要制作高品质的商品，对成城石井而言这就是全部。”

如此耗费人工的商品，只要理解了这背后的故事，就能明白成城石井获得消费者高度支持的原因了。

市场调查没什么意义

成城石井有诸如土豆沙拉、烧卖之类的经典商品，与此同时陈列在店铺中的菜肴也会随着季节而不断推陈出新。外行或许会觉得只要商品畅销就可以一直销售下去，但实际上并没有想象的那么简单。

“这样做一定会被淘汰。比如日式菜肴，销售冠军是随着季节不断更替的；在中式菜肴中，烧卖几乎常年居于榜首，而三名开外的菜肴基本上都有变化；西式菜肴也在不断变化，土豆沙拉一般排在前五位。不论哪种类型的菜肴都在不断更替着。”

据说一旦没有新的商品出现，销量会立刻下跌，这是非常严酷的世界，商品如果不时常出新，消费者会感到厌倦。然而，成城石井的家常菜一直保持着良好的销售势头。这印证了成城石井在新商品开发上的高水准，当然这也绝非易事。

据说成城石井每月召开四次新菜单的研讨会，也就是说每周都会举办。

“会前将时令食材、进口食材等成城石井的代表性食材，以及具备采购价值的食材信息告知各负责人，对基于这些食材产生的创意进行研讨。并非所有创意在研讨会上都能立刻获得好评，往往要经过改善后，在下次会议中再次提出。然而，若提出四次却还未获得较高的评价，那此创意的前景就堪忧了。”

菜谱的开发者大约有 20 人，每个月产生 30 个左右的创意，每年有 350 个左右新的创意诞生。即 1 天 1 个，这个进度是相当惊人的。

若商品大卖的话会产生很大的影响力，开发者会赢得相应的奖金，而最终反映在销售数字上的成果也能极大地提高开发者的积极性。

“部门之间也会产生互相竞争的心理。不论自己觉得商品有多美味，若消费者的购买量没有提高，那就无法得到认可，这就是我们所处的现实世界。”

而且，餐饮也有流行趋势，前面提到的椰子商品，实际上曾经几度挑战，结果却不尽如人意。然而，自从椰子类商品流行起来以后，终于迎来了大卖的热潮。

前文介绍的“椰奶带头虾红咖喱”在一般社团法人新日本超市协会主办的“超市便当·家常菜大赏 2014”中，荣获盖饭类大奖。

获得此奖的还有一款商品，是在甜点类商品中获得大奖的“北海道鲜虾南瓜布丁”，此款商品也很畅销。过去成城石井还有很多的获奖经历。

“也有怎么都畅销不起来的商品。提到甜点类商品，虽然我们多次努力，但巧克力系列的商品就是畅销不起来。”

我问原先生：“听说在开发新品时你们也完全不做市场

调查。”

“我认为意义不大，通过消费者调查能够得出的仅是有需求或者没需求的判断，并不能明确未来的需求走向。”

一流的专业人士每天都在努力开发着新商品。所以成城石井的店铺中一直有新的家常菜呈现。

在“消费者无法品尝新鲜出炉的商品”的前提下制作产品

成城石井在家常菜商品上的创意是从数量众多的创意中严格甄选出来的。据说最后的决定权在社长手中，若是得不到社长的首肯，就无法拿到店铺中出售。原先生答道：

“我会试吃，不试吃是不行的。商品开发的难点在于仁者见仁智者见智。但是，最后必须有人来做决定。如此就由我来品尝所有商品，我应该承担起这个责任来。多数表决的方法也行不通，必须有人来鉴定商品是否符合成城石井所追求的口感，必须有人来完成这项工作。”

而且，据说评价很严苛，在研讨会上会淘汰一半左右的创意。原先生继续道：

“难点在于无法向消费者提供新鲜出炉的商品。超市的家常菜能否过 5 个小时、10 个小时后还保持美味，这是关键所在。”

开发的工作并非只要把商品摆放到店铺中就终结了，原先生说道：

“先试着把商品陈列在店铺中，然后要确认外观和口感上的变化。经过一段时间后再进行试吃，还是能够感受到与批量生产的商品在口感上的区别。这样就可以对菜肴进行不断的改善，比如增加盐分、更改配菜、增加调味汁等。”

成城石井竟然做到了这个地步。在商品的开发上据说还有一条十分讲究，那就是保持商品的高级感。成城石井提供给消费者的不是低廉的价格，而是专业的口感。

“成本固然重要，但若在意成本就没法下决心去做事，创意就会受到限制。所以首先必须敢于追求理想，然后再去考虑如何降低成本。若非如此就做不出好的商品来。”

菜单的开发是从最高领导层的角度来考虑的，最高领导层亲自品尝并下决断。这也是成城石井的 central kitchen 的一大特征。

“最后由谁来负责，个人认为这是极为重要的生命线。既然身在成城石井，就不能偏离了这条线，绝对不能。一旦偏离了这条线，我们就辜负了前来购物的消费者的信任。为了守护这份信任，生命线的划定方式最为重要。否则有可能会出现为了销售额、为了盈利，如果没有原材料就用现成的将就，这样的结果。不论是素材还是其他各个方面，我们都追求最好，决不妥协。如果真的出现不得不放弃的情况，那就干脆不出售。”

最高领导层看到了员工们付出的努力，还能坚持贯彻到底吗？

“若是因为样品被反复修改了很多次，开发人员非常努力，所以就让商品上市，就会失去消费者的所有信任。一切都必须从消费者的角度来判断，我们的评判标准唯有一条，那就是能否获得消费者的喜爱。”

想给自己的家人或者孩子食用吗？

central kitchen 生产出来的家常菜，不仅追求口味，还注重食品的安心和安全。

如今，食品的安心安全问题是社会所关注的重大问题。而成城石井从很久以前开始就执着于食品的安心安全。

成城石井之所以建造 central kitchen，就是因为找不到能够符合成城石井在安全安心上的严苛标准的工厂。尽量不使用添加剂和化学调料。社长原先生说道：

“食品安全是现在的潮流，没有人不求安心和安全，但问题是能否真正做到以此为目标。”

例如，为了延长保质期而使用防腐剂，为了让食品色泽鲜亮而使用合成色素。自己真正看重的东西若产生了动摇，就会发生以上情况。

“每个人的想法都不同，这本身无可厚非。比如有人觉得女儿节的散寿司，用一点鲜艳的粉色比较好。而有人怀疑在女儿节的食材中加入不自然的粉色是否有益，若是给自己的孩子食用的话，略微暗淡一些的粉色也可以，还是要使用天然的色素。”

原先生认为关键在于有没有选择。没必要做出价值判断，不过当有人想要有所选择的时候，我们希望能够为之提供选择项。

“从往散寿司中加入鲜亮的粉色，使之看起来更华丽的想法，和不想让孩子吃含有合成色素的食品的想法中，我们选择了后者。之所以这样选择，是因为我们希望自己的孩子能吃上安全放心的食品。”

成城石井在考虑安心安全的问题时，往往就是从这个角度出发的，是否能给自己的家人和孩子食用。

“如今的零售业为了让食品易于保存而使用各种防腐剂。但是，这么做究竟是为了谁？我们必须认识到这绝不是为了消费者。是生意人企图通过延长保质期来提高经济效益吧？因此，我们应该认识到这种行为并不是为了消费者考虑。”

为了让消费者放心，销售方就要吃苦，不添加防腐剂，保质期就会缩短。

"若因为销售这样的商品很辛苦、麻烦，就转而销售从外面采购的充满防腐剂的商品。只要有一丁点这样的想法，成城石井的生意就无法做下去了。我们必须转变观念，不添加防腐剂是理所应当的，因为不含防腐剂所以只能在短时间内售出。不过，实际上要做到这一点非常难，因为就卖方的角度而言，总是习惯于选择更为轻松的方式。"

成城石井追求安心安全的出发点在于家庭菜肴。自己在为家人做的菜肴中放防腐剂和添加剂吗？在家里不放的东西为什么在店里贩卖时就要放呢？这不是很奇怪吗？

据说有一个家庭的两代人都变成了成城石井的忠实顾客，女儿在生了孩子以后才明白为什么母亲如此执着于成城石井。是想给自己的孩子食用什么样的商品的想法，让她母亲一直钟情于成城石井，她第一次强烈地感受到了母爱。她表示在成城石井真的可以给孩子买到安全的食品。

自 2012 年起，central kitchen 的安心安全得到了进一步强化。已有大约一半的商品不使用化学调料，所有商品都完全不使用合成甜味素、防腐剂、合成色素。

成城石井对安心安全已经有如此高的要求，而社会上的现状又如何呢？大家最好检查一下贴在食品包装上的标签。

领先于时代的成城石井

在日本泡沫经济破灭后的 20 多年，受信息化等影响，日本的企业推进彻底的效益化，基于规模理论的 M&A 等也得到了快速发展。

而成城石井的经营方式与这一社会潮流刚好相悖吧？社长原先生答道：

“个人认为成城石井现在的加速成长以及所获得的好业绩，可以说正是得益于这种违背潮流的经营方式。”

效率低下，尽做一些麻烦的事情。不销售大规模生产的商品，而执着于量少品种多的商品。考虑到总有顾客有这样的需求而储备高品质商品。不去追求利润，而是笨拙地、耿直地、一味地满足消费者的需求……

“从商业的角度来看，我们的做法有悖常理。然而，就根本而言，我们是本着为消费者提供真正美味的商品的想法来做事的。我想越来越多的人能够理解我们的时代已经来临了。”

若是在高端商品随处可见的景气的泡沫经济时代高速成长，那还比较容易理解。而成城石井恰恰是在日本经济不景气的通货紧缩时期成长起来了。

泡沫经济时代，高档商品充斥市场。而泡沫破裂以后，消费者的眼光变得挑剔起来。仅贩卖高档商品并不能吸引消费者。

“在泡沫经济时代，成城石井就一直在思索如何以优惠的价格提供高品质的商品，在这一点上丝毫没有动摇过。

“当社会发展到有眼力的消费者越来越多，而价格经受严厉考验的时期，我想人们就会发现‘在成城石井可以以合适的价格买到好商品’了。”

实际上，central kitchen 也启动于 1996 年，那正是泡沫经济破灭，日本经济陷入最艰难的时候。

“我们只是为了以实惠的价格提供美味的商品而在不断努力着，我们建造工厂不是为了经济利益。开设贸易公司亦是如此，是为了采购特别的商品。商品保管中心也是出于方便自己调控的目的而设置的。我们的目标只有一个，那就是为了消费者。”

进入通货紧缩的时代后，日本刮起了低价旋风。只关注价格，大量廉价低劣的商品充斥市场。

“我觉得如今逆转已经来临。廉价低劣已经让人们感到厌倦了吧？人们追求更好的商品、特别的商品、新颖的商品、个性的商品。正是在这个时候，人们注意到了成城石井。”

成城石井确实有很多高价、高品质的商品，但若因此认为成城石井只是陈列了高档商品而已，那就大错特错了。成城石井是在不断地追求消费者所需求的商品。

从这个意义上来说，成城石井的做法与过去没有任何区别。是社会在发生变化，是能够发现其价值的人增多了。

而且，周围的其他零售业是无法轻易追赶上成城石井的步伐的，因为采购高品质的商品并非易事。

第 4 章 在任何场地都能开店的超市

“强大的经营能力和店铺开发能力”

成城石井牛奶

成城石井的特色商品④

市场上常见的牛奶采用的多是“高温杀菌”的技术，而成城石井为了“保留牛奶原本的味道”，出售低温杀菌的牛奶。高温杀菌是在 120℃的高温下杀菌 2 秒钟左右的时间，而低温杀菌是在 65℃的温度下持续杀菌 30 分钟。与高温杀菌相比，低温杀菌由于杀菌力弱，必须在极短的时间内对鲜奶实施杀菌，且保质期较短。但是低温杀菌的牛奶没有通常所说的“牛奶腥味”，气味和口感完全不同。

曾在海外从事水果采摘工作的社长

自2010年起，就任成城石井社长一职的是原昭彦先生。原先生于1990年大学毕业后，进入了当时只有两间店铺的成城石井，担任社长时年仅45岁。他身上体现出了成城石井现在的精神风貌，原先生说道：

“我老家原本是开蔬菜店的，本人对生意也比较关注。当时居住的地方距离成城石井骑车大概15分钟的样子。成城石井当时直接进口如葡萄柚之类的新奇商品，我从孩提时代起就觉得成城石井与其他超市有所不同，这就是我对成城石井产生兴趣的开端。”

原先生进入公司以后，对成城石井的兴趣随之越来越浓。明明是家小型的连锁店，却导入了POS系统（销售时点信息系统）；只有两间店铺却试图共同配送；只要委托批发商就可以了，却要成立自己的物流中心。此外，店里还制作口味地道的家常菜；致力于红酒的进口；在全世界范围采购商品。

“我再次感受到成城石井所做的生意，和以150日元的价格出售从市场上用100日元采购回来的商品那种生意是完全不同

担任成城石井社长一职的原昭彦先生

的。我一直认为超市就是做那种生意的。但是，成城石井所供应的商品完全不一样。我觉得这种与只追求商品差价的生意全然不同的经营方式，今后将会大有发展。”

原先生本想骑自行车上班，但一开始被分配到了青叶台店。未满两年时间又调至成城店，在成城店工作了两年时间。

“自从负责卖场工作以后，我干劲十足。但当时的我还什么都不懂，想着价格低的商品一定会比较畅销，就一味地把低价商品靠前摆放，这样一来卖场就变得平庸无奇。实际上还是稍微拉动了一点销售的增长，当时总部派来了传说中的买手，时任常务董事的嶋崎美枝子，她对店铺进行了全面调整（笑）。过了很久我才理解其中的奥妙。”

进入公司的第五年，原先生停职赴澳大利亚近一年的时间。

“我当时想要回老家经营蔬菜店，但公司没批准我辞职（笑）。父母也坚决反对我辞职，质问我在这泡沫经济破灭的时代是否知道自己在做什么（笑）。我想看看不一样的世界，于是决定停职一年前往澳大利亚。”

不过，这段宝贵的经历后来对原先生产生了深远的影响。

“澳大利亚基本上属于英国文化。虽说日本人已经很熟悉西方文化了，但到当地体验以后才发现那是完全不一样的。我首先感受到的是诸如喜瑞尔、面包、披萨、红酒……这些在西方都是很简朴的食品，并非像在日本那样显得很豪华。”

然而，简朴之中蕴含着丰富的内容。喜瑞尔有很丰富的品种；朴实的面包上涂抹着味道浓郁的果酱；水果非常之新鲜；还有已经深入餐桌文化的奶酪和红酒……

“喝红酒是非常平常的事，并非一定要在特殊场合饮用，奶酪也是如此。在晚餐之前，餐桌上随意摆上一些纯奶酪和红酒，我觉得这种风格非常棒。在当时的日本还未出现。”

据说当时原先生就确信红酒和奶酪迟早会在日本流行起来，那是 20 世纪 9 年代中期的时候。原先生还体验了农场的生活，兼职采摘葡萄柚。

“哎呀，那真是很辛苦。有很多像毒蜘蛛一样的虫子，不过，这也是很宝贵的体验。”

在海外的农场体验过水果的收获劳作，这样的零售业经营者也是不多见的。

为顾客提供最佳的选择

在成城石井，销售什么样的商品，这种店铺战略上的大框架，是在原先生的主导下，由总部搭建起来的。其中最重要的平台，就是每周二下午举行的时长两小时的经营会议。

前文提到，成城石井对店铺的“四项基本守则”的实施情况进行秘密调查，经营会议就从验收调查的数字结果开始，但会议的内容不止如此。

其中有项重要的议程是，在哪一周销售什么商品，要推出着重销售的商品，也就是决定本周的推荐商品。换言之，就是总部就首先要推荐给消费者的应季商品发表意见。

“例如，芦笋是初春的人气商品之一，从南美的秘鲁空运过来分配至每间店铺 1000 支。吃芦笋的时间一年中只有两至三周，若是错过了时令就不能推荐给消费者了。因此，总部会对各店铺下达指示，希望这一周将芦笋作为推荐商品来销售。”

除此之外，春季还有节分、情人节、女儿节等节日，和一些季节性的活动。

“饮食潮流的变化非常快，若是按月更换就太迟了，无法满足消费者的需求。因此，我们要落实到每一周，以 52 周不断更替的形式来开展。这是在短时间内让 112 间店铺保持步调一致的方法之一。”

每周的推荐商品，由采购人员和部门负责人为主导来制订计划，陈列方式、销售方式也要纳入考量的范畴。在必要的时候，以店长为首的店铺员工要安排时间提供实际试吃的机会。

“比如，若要推出与情人节相关的蛋糕，就要把店长集中起来进行试吃，从而判断一天大概的销售量。自己试吃以后心里有底了，也可以确定整体的生产量。”

会议定好了推荐商品之后，由地区经理发邮件通知店长或者相关部门负责人，这个时候的关键是速度。

明确了一周推荐商品，各个店铺就可以大胆地布置货架。推荐芦笋时，哪怕将其他诸如黄瓜之类的蔬菜的货架缩小，也要腾出空间来摆放芦笋。

比如在情人节期间店铺的主打商品是巧克力的相关商品，为此将旁边的其他类别商品的货架缩小规模，这也是成城石井的常见现象。

“每个部门都有各自的负责人，若是自己负责的货架规模缩小了会不高兴。然而，成城石井不存在这样的按部门划分的势力范围。因为这些与消费者无关，只会给消费者造成麻烦。消费者寻求的是当下最需要、时令的商品，若货架上的商品不充盈就会感到失望。因此，即便缩小其他商品的货架，也要重点推出时令商品，这个决断由公司来下。各卖场的负责人比起自己所负责的货架，优先考虑的是作为店铺，甚至作为成城石井的一员，希望能给消费者提供的最佳选择。”

业绩不好，责任在于总部

另一方面，总部每个月还要从所有商品中选出约 130 种作为推荐商品。成城石井的店铺中，商品种类多的店有 6000 至 7000 种，其中的 2% 即为约 130 种商品。这就是推出商品的战略。

“因为有数千种商品，所以不知道该推销哪些，这是实情。另外，若按照销售人员的喜好来布置卖场，则有失偏颇。于是我们采取的对策是，由总部决定每月推出的 130 种商品，然后各个店铺就能从中选定要推销的商品了。”

130 种商品包括时令商品、新进口的商品，以及培育的新品、宣传单上的商品等。

“或许有人觉得只要将看上去好卖的商品摆放到货架的前端就行了，这样一来卖场就显得千篇一律了。事实上，卖场是千变万化的。我们店铺的变化就是围绕着那 130 种商品展开的。”

换言之，这就是总部明确下达给店铺的指标。在店铺的入口处陈列着的正是这类商品。另外，总部还指定了 central kitchen 的 30 款重点商品，并推送至店铺，称之为“CK30”。

成城石井对总部选定的推荐商品在各店铺的销售情况实施管理。130 种商品、每周的推荐商品、CK30，对它们分别在总销售额中所占的比重、在订货中所占的比重以及销售的数量进行量化，并排名。同时结合由秘密调查产生的店铺评价，成为店铺和员工的考评指标之一。

也就是说，评比的不仅是店铺在营业额上的业绩，店铺对上层指示的完成情况也被纳入考评体系。反过来说，店铺营业额的责任是由总部来承担的。原先生断言：

“虽然每个店铺有对 130 种商品进行调整的自由权，但基本的战略方针是由总部制定的。也就是说，如果业绩不好，责任在于总部，是管理层的责任。可以非常明确地说，商品卖不出去不是店铺的错，而是总部的失误。”

如此一来，不难想象店铺会不会对总部的指示有畏难情绪呢？但是，似乎完全没有类似的问题出现。

“我们会举行会议，店长对每周推荐的商品进行试吃，并决定各自店铺的订购数量。不过，买手的热情也感染了店长们。店长自己报上来的订货数量经常大大超出我们的预估。”

店长定下的购货量，若销售不完会影响到自己的考评。不过，若店长也觉得商品美味，就会想主动销售。

“有时店长回过神来，发现数字已经累积太多。我能够理解大家的心情，但是不能勉强为之。这个时候我就会出面阻止（笑）。”

“保障信息通畅”的措施

在验收各店铺四项基本守则的实施情况，决定推荐商品等战略的经营会议上，原先生尤为重视信息的通畅。经营会议上所讨论的内容，不仅是店长，各店铺的全体从业人员都要有所了解。

在采访有实体店的服务类企业的过程中，我常有耳闻，他们在经营方面感到很棘手的一个问题，就是总公司与实体店之间的背离。

交流不充分，总部的信息不能被很好地传达下去，导致诸如“总公司不了解店里的情况”“总公司不为我们着想”“不知道总部怎么考虑的”等不信任情况发生。

为了避免类似情况发生，成城石井非常重视信息的通畅。不仅是总部与店铺之间的信息通畅，经营会议也是同样，即使发生了麻烦的事，也要让大家都有所了解。

例如，消费者对新鲜度的管理等方面的严厉投诉，具体内容也会被放到经营会议上展开讨论。

“负面信息我们也会公开讨论。公开信息的话，该如何处理，大家经过讨论就能够得出改善的办法。若隐瞒信息，事情就得不到解决。还是将信息全部公开为好。”

而且，财务、信息系统之类与店铺的业务毫无关联的部门负责人也会出席这个经营会议。这一点也至关重要。

“诚然，芦笋该怎么销售之类的议题或许确实与他们无关，情人节的相关活动与他们的工作或许也没有直接的关联，但是，管理人员必须都要参与会议，因为他们都在超市工作。”

前文提到总部的职员会积极奔赴销售一线支援工作，总部和一线是一个整体，这是从管理层面创造出来的企业文化。

“财务也好信息系统也好，对目前一线的工作情况，对本周所发生的事情都很清楚。他们实际上对芦笋，对情人节活动也都很熟悉（笑）。”

总部的工作人员到一线工作，就能够理解一线的艰苦。他们看着不畏寒暑一直坚守在店铺的同事们，就会产生想要为一线而努力的想法。通过这样的体验，就能形成团结一致的氛围。

一线的工作人员了解到，总部的人在最繁忙的时候中断自己的业务，特意前来支援一线的工作，就会心怀感激。这样相互理解就能建立良好的关系。

总部的措施也会贴近销售一线的需求。尤其像信息部门等只在总部推行的措施，制定出来以后往往会强制一线执行，制定了措施以后就希望一线能够配合执行。而在成城石井不会发生这种现象，成城石井会在充分听取一线意见的基础上，结合实际情况来制订措施。

“在更换订货终端设备的时候，总部想要给一线提供便捷，想要增加摄像功能、收发邮件功能等，带着很多想法前往一线听取意见。结果事与愿违，一线需要的是延长电池寿命，增加信号强度。一线的需求原来是这样的呀，完全出乎信息部门的意料。”

订货终端设备的功能变简单了，为了增强信号，将原来的一根天线改为两根。这一举措完全迎合了一线的工作需求，大受欢迎。

成城石井的一大转机——在车站内开店

社长原先生从澳大利亚回到日本以后，在市尾店工作了一年半的时间。然后调职到营业总部，成为一名采购人员。

当时的上司，是在原先生刚进成城石井时帮助过他重新布置卖场的传说中的买手，前文介绍过的时任常务董事嶋崎美枝子女士。她曾开着轻型卡车前往日本全国各地采购商品，关于她的英勇事迹数不胜数。原先生在与自己母亲年龄差不多的嶋崎女士手下，得到了充分的锻炼。1997 年，原先生迎来了全新的挑战。

如今拥有 112 间店铺的成城石井，在店铺扩张方面，毫无疑问遇到了很大转机，那就是在车站内开店。站内店和与之同等规模的店铺，目前占据成城石井总店铺的半数以上，达到了 56 间。

其中第一家站内店——Atre 惠比寿店的开业，就是当时商品部门的采购员原先生亲自操办的。

“一直以来只在街面开设店铺的成城石井第一次挑战开设站内店。我当时着手的就是这样一个工程。当时设置了冰激凌橱窗，而冰激凌却几乎卖不出去，虽然也有过这样的惨痛经历，但后来取得了超出预想的成功，毫无疑问这一成功极大地改变了成城石井的发展史。”

产生在车站内开店的想法的契机是开设于东京成濑地区的小型街面店。

当时，就职于商品部门的原先生担任部分商品的采购工作，同时负责商品的挑选和陈列工作。但是管理车站内的店铺是首次，而且是以往未曾有过的 46 坪的小型店铺。该如何布置店铺，当时相当头痛。

“除了冰激凌橱窗外，还有很多失败的经历。大米、酱油根本卖不出去。后来我才明白其中的奥妙，顾客都是在离家最近的超市购买，不会特意跑到车站的超市去买酱油和米。与之相反，卖得好的商品是奶酪，奶酪的货架上从下至上堆积如山地陈列了超过 100 种商品。这是因货架小而使出的苦肉计，结果异常畅销。”

不过，当时直到开业为止，原先生还是不清楚会有什么样的消费群体，在什么情况下前去购物。

做好了开张的准备，早上 10 点开业，却没有顾客上门。一般而言，上午和傍晚是超市的黄金时刻。而那一天的黄金时间就这么流逝了。

“必须预订第二天的商品，但当时的我完全没有干劲。心里想着已经不行了、失败了，第二天的预订数目几乎都为零。”

“变化”发生在下午 3 点多，店里的顾客一下子多了起来。不过，当时我以为这只是因为超市晚高峰而顾客数量略微增多。我还是以“超市的常识”来看待问题。

之后，顾客的数量越来越多。而且，过了 18 点、19 点、20 点、21 点，甚至到 22 点，顾客的数量还在持续增加。

“我从来没有过这样的经历，傍晚过后顾客数量还在增长，而且是不间断地持续增多。过了夜里 9 点，店里依然十分繁忙。”

为何与预料的大相径庭？

成城石井 Atre 惠比寿店就位于车站验票处的边上。在这种地方开一家小型超市有什么意义？当时有不少这样的质问传入原先生的耳中。原先生做好了失败的思想准备，因此只准备了两台收银机。结果，顾客人数超出了预料，收银的长队几乎绕店一周。

“顾客数量远远超过了我们的预估，晚上时段的销售额也超出了预计。而且，商品数量不足，因为白天没有预订第二天的商品。于是我赶忙拜托成城店，用卡车运送商品来救急。”

不过，此时的原先生还是将信将疑，想着开张以后的第二天、第三天销售额应该会回落。然而，销售额完全没有变化。由于对商品的发货数量进行了控制，所以只能再次拜托成城店往返运送商品。到了周五晚上，店铺变得更加繁忙，迎来了一周的顶峰时期。

“我真的很吃惊。后来据了解，在周边工作的、追求高质量食品的顾客，在下班以后前来购物。咖啡、红茶、红酒、奶酪、家常菜的销量都很惊人。消费者所购买的商品都是在自己家的周边超市买不到的。”

一个月以后，店里的备货有了很大的改变。撤掉了大米，减少了味噌、酱油、鸡蛋、豆腐的商品数量。扩充了面包、家常菜、红酒的备货量。销售额得到了进一步提升，月销售额超过了预估的两倍。

“我的想法也完全变了。畅销商品与街面店的超市完全不同。另一方面，之前为了迎合消费者需求，以成城店为首努力采购的红酒、香槟、奶酪、家常菜等成城石井的特色商品，在站内店也大放异彩。”

当成城石井意识到站内店是可行的那一瞬间，车站内店铺就陆续开了起来。

“商业圈 1 公里范围内收入多少以上的有多少人，我觉得这样流于表面的调查没有意义，白天有多少人流量反而更为重要。而街面店铺是不同的，和白天的人流量无关，因为街面店的备货不是以到此地工作的人为对象来实施的。"

据说站内店开起来以后，很多人才知道"还有这样的店哪"。

"能够在我们这里很方便地购买到在家附近超市买不到的红酒或奶酪。在重要的日子里，想要跟朋友或者家人一起喝点好酒，这时我们的商品就派上了用场。我们的店唤起了消费者的潜在需求。"

不久，随着意大利风的流行，成城石井在橄榄油上的备货得到了大力支持。喝酒的喜好呈多样化趋势，从啤酒到红酒、香槟，都能方便享用的时代已经到来。生火腿的进口已经被禁，为了让消费者能在日本品尝到正宗的生火腿，成城石井第一时间将之摆上了货架。

成城石井所做的正是顺应了这种多样化的时代潮流。

不存在"竞争对手"

现在的成城石井拥有112间店铺，店铺的形态可谓极其丰富。有街面店、车站大楼店、商场地下店、购物中心店、写字楼店、便利店翻新店等，店铺的大小也从20坪的小型店到190

坪的大型店都有。如此形式多样的店铺，也是每年能够开出超过 10 间新店的原因之一。社长原先生说道：

“若是受必须开街面店，或者只能开站内店等固定模式的限制，能够选择的用于开店的路段就很有限了。曾经也有过规定必须开设大于 50 坪店铺的时代，然而实际上有很多小型的备选店址，有纵向的、横向的、宽的、窄的等各种式样的店铺。若是能够应对各种形态的店铺，那备选店址的范围就无限扩大了。”

事实上，开店条件确实五花八门，而成城石井在这方面的考虑方式似乎偏离了业内的常规。但是，成城石井觉得这无可厚非。

“都说成城石井的卖点是红酒，但我们也有不包含酒柜的店铺。此外，还有不含生鲜商品的店铺；也有生鲜商品中只包括肉类和加工鱼类商品的店铺；还有面积仅为 20 坪的小店铺。甚至还有在一般零售商开店时但凡有条件都会退避三舍的情况，然而我们并不在意。或者可以说正是考虑到多样性更有利于自身的发展，我们才能最终建成各种形态的店铺。”

或许这是一种背离时代潮流的行为，效率低下、费时费力的开店方式。

但成城石井也不是在任何地方都开店。而是从诸多开店邀请中严格挑选开店地址。可以说正是因为店址很重要，开店的形式才会呈现出多样化。

"每个地方的店铺都是不一样的，从这个角度来说，比起迎合固定的店铺模式，或许开创新的模式会更好。虽然有些费事，但我个人认为这种开店风格也是成城石井的优势所在。"

在确定最终的店址之前，以原先生为首的管理层会前往实地进行考察。观察乘客或者经过的人群，考察人流的来源及去向。

"在开店之前必须去看一下。最重要的是，能否想象出在此处开店的情形。成城石井的什么样的商品在这条街区能够畅销？这些商品集中在一起会形成什么样的店铺？晚上又会是什么情况？如果想象不出这些具体情形，那开店的形势就比较严峻了。"

成城石井的独特之处在于完全不在意竞争对手。实际上正如前文所介绍的，在麻布十番店的边上就挨着一家便利店；六本木之丘店的隔壁也是家便利店；立川店的地下是超市，而一楼就是成城石井。

"最后要亲自感受一下现场的氛围，这条街区是否适合成城石井。因此，不能仅根据理论或者数据来做判断。"

也有让人匪夷所思的店址，但是成城石井不是仅凭感觉来随意开店的。要进行实地勘察，判断是否适合，成城石井就是这样逐步扩大店铺的。

“做生意并没有那么难”

原先生介绍，各店铺都能取得好的业绩确实离不开独特的商品备货。但更重要的原因在于，每间店铺都在不断努力积累适合自己店铺的非常细致的技巧。

“开设各种形式的店铺，就会有各种不同的发现。例如，在位于惠比寿的站内店，由于周六和周日上班的人数减少，销售额会有所下降。但周一早上的销售额会一下子猛增，周五晚上一直到店铺关门生意都很好。地方上的城市也有着各自的特点。”

开店时间超过一年后，就能积累很多季节性的信息。各店铺以积累的这些技巧为基础，逐步尝试着新的挑战。

“我觉得这其实并不难。举个例子，最近几年常有高温天气，即便将饮料放入冰柜冷藏，也有来不及完全冷却的时候。若是早上出货，到了中午就供应不了冰镇的饮料。”

这时我们想出的办法是，在店铺关门以后对瓶装的水、果汁等商品进行彻底补货。这样一来，到了早上就能准备好大量的冰镇饮料了。

“站内店没有大型仓库，如何在不浪费空间的情况下有效地准备好冰镇饮料呢？若做不到这一点，消费者很有可能对冰镇不彻底的商品感到失望。这也是一种技巧。”

各个店铺所积累的技巧会分享给所有的店铺。现在已经积累了不计其数的技巧。

“消费者购买商品的理由不止一个，不会仅是商品的质量或者价格。不论多么细微的现象，能否意识到其缘由？能否从细微之处一点一滴地积累？或许这只能成为消费者购买理由的千分之一，但你有没有掌握呢？我认为这些是最终决定店铺是否兴盛的因素。”

消费者购物是有缘由的，即使商品价格只差了10日元，在盛夏酷暑当中，比起温热的饮料，他们也更愿意购买冰镇的饮料。

“这正体现了彻底贯彻基本守则的重要性。对消费者来说，一次购物就是全部。在商品新鲜程度的管理方面也是如此，就店方而言，或许只是看漏了50盒酸奶中的1盒的保质期，但对消费者来说，这一次购物就留下了不可挽回的恶劣印象。消费者因此可能再也不会光顾了。”

原先生表示要一一满足消费者的需求，做好商品备货，做好顾客服务。反过来说，除此之外还能寻求什么。

“虽说成城石井的变化速度很快，但这变化也不是一蹴而就的。每天改变一点，日积月累就能产生很大的变化。

“我认为做生意并没有那么难，只要把必须做的事情做彻底，尤其是要做好那些最基本的事情。难就难在要持之以恒，真正理所应当的事情反而容易被大家所忽略。坚持做好理所应当的事情是最关键的。”

因此，成城石井的举措就是保证坚持做好基本的事情。

现在原先生晚上工作结束以后，若店铺还在营业，他会顺道去看看。到店里转一圈，看看店铺的情况。

“总部说得再好，若销售一线无法做到，也没有任何意义。商品没有附上 POP，没有摆放在适当的位置，或者没有按照预期摆放，这些都必须亲眼确认。但这也许会给店铺带来困扰（笑）。”

家常菜若是降价，原先生有时会买回家去。商品卖剩下来总有其缘由，他想了解其中的原因。

踏踏实实地从细节着手，一点一滴地积累，认真面对眼前所发生的一切。这就是成城石井的生意之道。

第 5 章 成为转机的收购

“对事业的热情和自豪感”

成城石井的纳豆

成城石井的特色商品⑤

年销售 28 万件的人气商品。致力于“品尝大豆原本的美味”，指定日本国产的大豆产地，在沿用古法的工厂里生产。附赠的佐料也不使用化学调料，而采用纯天然汤汁制成。大豆分小粒和中粒两种，中粒的大豆味更加浓郁，很受欢迎。

新股东

稳定地保持着良好发展势头的成城石井在2004年受到了重大冲击。那是成城石井的员工以及顾客都未曾预料到的事件。

打下了成城石井超市的根基，并将生意发展得蒸蒸日上的老板，宣布把成城石井的股份卖给REINS International（后来的REX Holdings）。REINS凭借烤肉店“牛角”等加盟连锁店迅速发展起来，还收购了便利店“ampm”。这次又获得了成城石井的经营权，将之纳入旗下。

当时，成城石井已经拥有30多间店铺，销售额超过了200亿日元。财政未出现赤字，业绩也没有下滑，应该说经营状况良好。

就是在这样的状态下成城石井被收购了。当时原先生担任营业总部的科长一职。

“为什么会发生这样的事情，说实话我也感到非常疑惑。突然之间要和别的公司合为一体，我们该何去何从，成城石井能否维持一直以来的经营模式，我们感到非常不安。”

据说当时收购公司是这样说的："什么都不会变，我们尊重你们一贯的做法。"然而，现实并非如此。母公司派遣了管理人员来，而且发布了非常突然的决定。事先毫不知情的原先生在早报上看到相关报道后，感到宛如晴天霹雳。

"上面写着目标 3 年内开 100 间店铺，与旗下的便利店协同发展高级便利店。当时的成城石井花了 15 年时间才发展到 30 多间店铺的规模，而且都是经过精挑细选才开出的店铺。竟然要在 3 年时间开出 100 间店铺，不得不好好考虑下。"

母公司有效地利用了加盟连锁的经营模式，迅速地扩张店铺，取得了高速发展，并成为上市公司。让收购公司扩张店铺，以促成其发展，从母公司的角度来看这一战略无可厚非。然而，成城石井是一家什么样的公司，它是如何获得消费者支持的？母公司若是真的了解这些情况，还会公布这么突然的决策吗？原先生说道：

"该如何扩张店铺？该如何提高开店的速度？在公司的会议上讨论的不是商品，尽是些开店方面的议题。"

一直以来在商品备货方面拼尽全力的销售一线也对此抱有疑问，这么急于扩张究竟为了什么？

供货方也很担心，很多生产方只愿意与成城石井做生意。他们担心在生意上会不会有变数，担心成城石井会失去自我……

不过，原先生最担心的莫过于消费者。他们得知此事后纷纷在店铺中向店员询问情况。

“究竟会怎样？会发生变化吗？还能像以前一样购物吗？会不会失去成城石井自己的特色？……担忧之声纷至沓来。此时我切身感受到了消费者对成城石井的喜爱。成城石井已经成为受顾客爱护，顾客生活中不可或缺的店。”

员工们也很受打击，对于顾客们来说，这同样是令人震惊的变故。

没有了热情，公司竟会沦落到这种境地……

对成城石井而言，异常严峻的事态是母公司持有的关于食品的理念和成城石井的理念并不相符。

事实上，成城石井也曾受到舆论的波及。收购一事被媒体报道以后，影响到了成城石井精品肉的销售。人们会产生这样的印象：成城石井所销售的商品会不会变成母公司餐厅中提供的那种肉类食品。

另外，母公司也有自己的品牌商品，也有其他超市有售且很受消费者欢迎的商品。若是不顾成城石井的意愿，遵从母公司的决定来销售这些商品的话……对成城石井来说，就意味着“出卖自己的灵魂”。

实际在母公司召开的面向员工的说明会上，就有职员直截了当地提出了这一问题：是否一定要销售母公司的产品？当时母公司没有给出明确的答复。原先生认为是否销售这类商品是一个原则性问题。

“不销售自己不满意的商品，或许这真的是一个关乎尊严的问题，而不是简单的商品问题。若在这方面妥协了，那一切都不复存在了，这就是如此重要的问题。作为责任科长我拒绝了，若因此而被解雇也是没办法的事，即便被贬职我也认了。

“若销售自己不满意的商品，那成城石井就不再是成城石井了。我们如果在这一点上做出了让步，我想就真的会彻底失去消费者的支持。”

另一方面，母公司为了促进多店铺的发展，推行样品店铺的开设。母公司方面的原因，仅用了 1 个月的筹备时间，新型店铺就开张了。然而，进展得并不顺利，1 个月就关闭了。之后又花了数月时间筹备，在外部专家顾问等的各种指导下，在同一场所又重新开了不同类型的新店铺，这次还是进展得不顺利。

“这令我再次感受到，一旦没有了热情，公司会发生很大的变故。大家都失去了干劲，我们辛辛苦苦累积起来的成城石井的商业模式，被外部的人搅得一团乱。”

在此期间，成城石井还是坚持销售原来的商品，备货也绝对没有发生偏离。但是，还是没能挽回员工们低落的士气。

“我想大家还是没有投入到工作中去。业绩急速下滑的程度，也让我感到震惊。我再次感受到公司一旦失去了干劲就会沦落至此。业绩真的犹如下坡一般迅速恶化。”

在想放弃新型店铺，改为扩张常规店铺之时，母公司的业绩出现了问题，同时基金投资公司 Advantage Partners 向母公司出资，派遣了新的管理人员到成城石井，那就是大久保恒夫先生。

理解者的登场，迈向复活之路

2007 年，大久保先生就任成城石井社长一职。他是伊藤洋华堂“业务改革”的主要成员之一，推动过伊藤洋华堂的结构改革。此外，他还参与过优衣库、良品计划等公司的经营改革，在引领成功的流通业界是无人不知、无人不晓的人物。此次上任的社长是能够充分理解零售业的人物。原先生说道：

“他真的是一位通情达理的人，他告诉我们要重视自己的想法，坚持自己的商业模式。”

可以说大久保先生以外界人士专业的眼光发现了成城石井还有很多可挖掘的价值。“有如此好的商品，为什么不进一步销售呢”“虽然在 POP 上展示出来了，但并没有传达给消费者”等，他给成城石井提出了诸多建议。

“在待客上可以再下点功夫；那个可以搞试吃销售；POP 要改动一下……大久保先生教会了我们很多东西，也给了我们诸多的鼓励。”

原先生很担心在收购这一经营上的重大变故中，很多职员会迷失自身的强项和优势。然而，大久保先生从专业的角度分析，认为这也并非坏事。把这些优势转化为语言文字进行共享的举措得以推行。

那就是如今成城石井员工人手一本的手册《成城石井 BASIC》。这是一本 24 页的小册子，记录的内容包括：经营理念和信条、基本目标、基本方针、行为准则、待客服务、仪容仪表、服务七大用语、历史沿革。

“这本手册把我们迄今为止感到模糊的东西变得清晰有形。这些技能对我们来说真的很宝贵。”

而且，正因为大久保先生是流通业界的领军人物，所以坚持贯彻现场主义。不理会总部下达的复杂指示，注重从消费者的角度出发的简单指示。因为他很清楚答案藏在销售一线。总之，大久保先生强调的是服务顾客的重要性。

“成城石井原本是很重视服务的，但在不断强化商品备货意识的过程中，往往会把自身归入匠人群体，认为只要提供好的商品就行了，渐渐忽视了顾客。追求好的商品固然是重要的，但若失去了顾客，就毫无意义了。”

只是出售好的商品，那不过是自我满足。对商品越执着，其危险性也就越大。

“大久保先生指出，以我们目前的状态，并没有将商品信息很好地传递给消费者，这真是一语中的。于是，我们再一次考虑该如何向消费者宣传，消费者需要的是什么。这一时期，我们在销售水平上有了很大的提高。”

在店铺中进一步宣传有关商品背后的故事，也是从这个时期开始的。在这之前，采购员和匠人了解这些故事，而其他员工多数都不知晓。只是姑且写在 POP 上，但并未向顾客做口头宣传。当时大家都认为酒香不怕巷子深。

“然而，若从顾客的角度来看的话还是有差异的，清楚地向顾客宣传商品故事肯定会更好。从实际操作的结果来看，卖场的反应确实得到了改善。”

大久保先生就任社长以后，还为成城石井带来了另一个重大的转变。

成城石井 BASIC
记述了成城石井的理念和行为指南，从业员必须随身携带

没有社长室，全体人员坐在一起办公

成城石井的总部原本设在其发源地——成城店，并入 REX Holdings 旗下以后，总公司搬迁至 REX 总公司附近的六本木一丁目的大楼中。大楼中入驻了外资的咨询公司等单位，房租也很高。原先生说道：

“那里让人坐立不安哪。零售业是靠一点一滴地积累营业额来获利的，不应该把总部放在黄金地段。不管怎么说总部不邻近店铺就不行，否则我们不能立刻前往店铺查看。”

大久保先生就任之后，总公司搬迁到了现在的横滨市。没有返回成城这个发源地，因为公司规模扩大以后，需要能够一次容纳两三百人开会的场地，而在成城没能找到这样的办公用地。

现在的总公司位于距横滨站步行约 15 分钟的写字楼的五层。非常简朴，甚至给人以“与其把钱花在总部，不如省下来给消费者提供更多的优惠”的感觉。到了傍晚 6 点，走廊的电灯就灭了。

我参观了总部员工办公的楼层。入口处靠右边里面的位置就是社长办公桌，从大久保时代开始，就没有社长办公室了。所有员工都坐在一起工作，包括屈居一角的社长。

另外，员工也很少坐出租车，包括社长在内。社长也没有配备公车，原先生现在仍然坐电车上下班。

大久保先生为业绩急速下滑的成城石井吹来了一股改革的新风，而作为其左膀右臂一起推进改革的就是当时担任执行董事营业本部部长的原先生。

“我和大久保先生一起开展了诸多的讨论。因为他真的非常尊重成城石井的行事方式，我们才得以自由地发展自身优势。之前呈萎缩之势的成城石井再一次绽放出光彩，业绩也一下子升了上去，希望我们开设新店铺的邀请也随之多了起来。”

曾经的股东还保留着

2007 年大久保先生担任社长，3 年后的 2010 年，原先生就任社长一职。

“大久保先生突然向我提出：我要隐退了，你来接我的班吧。”

从公司外部引进管理者或许也是一种选择，但由于大久保先生很清楚成城石井经营模式十分复杂，所以才做出这样的决定。原先生说道：

“即使有精通物流、central kitchen、制造、贸易等方面的专业人才，但能从总体上把握成城石井的通才，连在公司内部也找不出来。”

如何把握商品进口与 central kitchen 生产效率之间的平衡，从店铺运营到商品进货，从配送到生产，从调度到贸易，大久保先生认为公司外部也不存在能够从宏观上把控成城石井的人才。而原先生在街面店、站内店等销售一线有着丰富的经验。

“大久保先生对我说，除我之外没有人能承担起这个职责了。说实话我自己也觉得任社长一职为时尚早，还想再多学一些东西。但是，万一调来一个完全不能理解成城石井的经营模式的人，成城石井就会再次陷入混乱之中。我想此时还是挑起这个重担为好。”

2011 年，母公司从 Advantage Partners 变更为由三菱的投资公司 Marunouchi Capital 成立的新公司。

因 REX Holdings 的收购带来的冲击，对成城石井的相关人员来说是巨大的。然而，或许正是这一冲击让成城石井发展成如今的成城石井，它让成城石井有机会重新认清自己的价值所在。

“诚然如此，我们充分地认识到对成城石井来说最重要的是什么，消费者有多么支持我们。公司也由此变得空前团结。”

原先生认为如果没有那场骚动，或许成城石井会走上不同的发展道路，正是因为那次冲击才有了如今的成城石井。

颇有意思的是，成城石井并没有完全排斥来自外界的影响力。以《成城石井 BASIC》的筹划为首的各项改革是大久保先生主导的。此外，虽然原先生不赞同 REX Holdings 在收购时期所采取的商品备货方式，以及激进的店铺扩张战略，但成城石井还是吸收了一些他们留下的良策。

例如，以店铺和人事为调查对象，现在已经成为公司极其重要的考评指标的秘密调查，实际上就是由 REX Holdings 于 2005 年导入成城石井的。

秘密调查在餐饮业中非常普遍，REX Holdings 成立了 CS 推进室，将秘密调查引入了成城石井。

最初，店铺似乎也有抵抗情绪。而如前文介绍的那样，公司会在半年一度的经营方针说明会上对优秀店铺进行表彰，于是情况发生了转变。秘密调查让店铺的真实实力一览无余，并会给予评价，店铺自然而然就接受了。

随后在大久保时代，在人事考核中也引入了秘密调查制度，这是非常自然的发展趋势。原先生继续介绍道：

“这也是成城石井的特点之一。不论是在采购上，还是在政策上，只要有好的东西就会不断地吸收进来，我们自己进行变革，将之转变为自己所需的形态。实际上一直以来我们在这方面就比较擅长。”

据说现在成城石井也很积极地推行异文化交流。员工们会积极地前往同行其他公司参观学习，甚至还会和家具、时装等不同领域的零售行业展开交流。

“虽说生存的世界有所不同，但我们一定能从中学到东西，能够得到支持的政策必定有其合理的地方。我们也会积极主动地提供信息、吸收信息。这样大家就能够发展成受消费者欢迎的店，因为最终的获益者是消费者。”

并非只要业绩好就满足了，成城石井还在持续不断地变革。

第 6 章 认识到人才是店铺之根本

"在培养人才上的追求"

烧 麦

成城石井的特色商品⑥

常年位居家常菜排行榜前列的人气商品。以日本国产新鲜猪肉为原料，能充分感受到肉的鲜美多汁。再加入海米、干贝、香菇的精华部分，调出浓郁香味。不使用化学调料、防腐剂、合成色素。

兼职员工也必须参加为期半天的培训

对商品和服务都有着很高要求的成城石井，又是如何培养员工的呢？其实是有一些惊人的举措的。社长原先生介绍道：

“我估计其他零售业公司不会有这样的政策，那就是不论是全职人员还是兼职员工都必须接受至少半天的新员工培训。”

成城石井是一家什么样的超市？有何特别之处？其存在意义是什么？要求从业员做到什么？培训就是为让新员工了解这些基本知识而设置的。而且要花费半天（3 个小时）的时间(负责收银的新员工，包括收银培训在内要接受为期 1 天的培训)，培训在总公司进行，总公司支付交通费和时薪。原先生说道：

“说到培训，往往给人以观看 1 小时左右的视频就完事的印象。而我们的培训并非如此，我们在认真地培训新员工。因此，员工经过培训以后进入店铺，工作状态就会不一样，不是只会一些业务上的操作。”

有工作经验的人员进公司时也要接受培训，前文提到的五十岚先生就是如此。他说道：

“首先让我感到吃惊的是，兼职员工、正式职员，不分工种都在一起参加培训。与我当时一起进公司的总共有 24 人，其中 23 人都是兼职员工，也包括大学生在内。大家一起参加培训，一起分组讨论。特意跑到横滨的总部参加培训，这与其说麻烦，不如说大家都很高兴。因为参加培训才具备了能胜任店铺中工作的自信。”

我得到了观摩每月举办两次的新进员工培训的机会，地点在横滨总部。培训从早上 9 点 15 分开始，参加人员有 33 名，多的时候超过 50 人。关西地区的培训就在关西举行，而员工从关东地区、静冈等地过来的交通费由公司承担。前文提到总公司尽量削减经费的开支，比如极力避免坐出租车出行，走廊的电灯到 6 点就熄灭了，但在必要的时候总公司会很舍得花钱。

在参加培训的人员中，女性占了七成，年龄层从 20 出头的大学生到 50 多岁的女性都有。除了有卖场的员工，还有收银人员，以及后文将要介绍的成城石井首次开设的酒吧的服务人员和负责烹饪的员工。

担任培训师的是人事部 CS 推进室的深泽祐三子女士。她在成城店工作了 15 年，是在成城石井内部被誉为拥有“传奇”的服务水平的女性之一。曾在“顾客投诉中心”负责接听顾客的来电。深泽女士介绍：

“仅通过播放视频或者我的讲解，员工很难真正理解我所要传授的内容。关键是要告诉他们如何在卖场活用这些知识。所以为了让他们加深理解，我想出了一些办法，比如让他们进行分组讨论、分角色演练、自己思索等。”

正如深泽女士介绍的那样，33 名员工首先被分成了 6 组，互相了解各自的工作地点和岗位。培养同伴意识也是培训的目的之一，事实上很多员工虽然分属不同的店铺，但在此建立起了良好的关系。

虽然岗位不同，但大家都是同事，温暖的气氛扩散开来，很快就一片欢声笑语。初次见面的人一瞬间就打成一片，令人印象深刻。

从“传奇”服务的经验谈中了解工作的意义

培训课程由 5 个主题构成：成城石井的沿革和经营理念，服务与交流，公司基本守则（仪容仪表、礼貌用语、卖场行为准则），此时该怎么处理（消费者之声），总结（自己的目标）。

首先从全体起立打招呼开始。随后深泽女士做自我介绍，小组内个人进行自我介绍。介绍自己的姓名、所属部门，以及来成城石井工作的理由。由组长从中挑选印象较深的自我介绍，每组分别介绍其中的一个员工。有人对服务顾客感兴趣，有人对进口食材感兴趣，还有人曾是成城石井的顾客，觉得成城石井工作环境好。深泽女士说道：

“我想告诉他们这里的工作绝不轻松，但也并非只有辛苦。我希望他们不要忘却自己想要在这里工作的初心。这将成为他们今后工作的支柱，他们将来也必定‘不后悔来这里工作’。

“我还想强调的一点是，新加入的员工还保留着消费者的眼光。我希望他们以不同于成城石井资深员工的全新角度来看待成城石井，改变成城石井。”

接下来是有关培训前发放的《成城石井 BASIC》手册的内容，但深泽女士只说了一句话，“请大家在回去的电车上阅读一下”。深泽女士解释道：

“光在这里读一遍他们不一定能理解，只有培训结束以后，他们才能意识到‘啊，原来是这个意思呀’。”

不过，深泽女士提到了写在封面上的“为了满足顾客”这一句话。

“因为这是最为重要的一句话。CS 推进室就是促进满足消费者需求的部门，成城石井不惜花费人事费组建这一部门，就是在强调服务顾客的重要性。”

之后是小组讨论环节，讨论的主题是“为什么对成城石井而言，顾客如此之重要”。大家都非常严肃地讨论着，由组长总结发言。大家提出了各种意见。深泽女士说道：

“第一，我们的薪酬从何而来；第二，顾客让我们体会到了工作的意义；第三，顾客促进了我们自身的成长，也促进了公司的成长。我总是很努力地想要告诉员工们这三点。”

在培训过程中，深泽女士还讲述了她的亲身经历。在她还是新手的时候，一次在收银工作中感到头痛，一位顾客关切地问道：“你看起来没有往日精神，没事吧？”深泽女士很震惊，因为那是一位她毫无印象的顾客。

或许自己认为自己不过是一名收银员，但对顾客来说不仅仅如此，他们希望自己的样子和名字能被店员记住，希望店员能给他们带来活力。自那以后，深泽女士时常注意保持微笑，这样一来顾客也会报之以微笑。她认识到了工作的意义取决于自身的认识。

100个人就会有100种期望，没有指南可循

讨论进入了下一个主题“消费者对成城石井的期待是什么”。先在小组内进行讨论，然后各自发表，最后由深泽女士进行总结。

“我认为只有在经过自己思索，互相分享看法这个过程以后，他们才能把我的话听到心里去。这与我单方面灌输的效果是不一样的，他们能够更为深刻地理解我所表达的内容。”

深泽女士首先从高品质、安全安心、独特性、自主生产、自主进口、商品备货这些关键词着手，讲述成城石井在商品上的实力。

“成城石井也有高价位的商品。想要提供高品质的商品，就必须从原材料上开始严格把关。比如面包类商品，不使用人造黄油，必须使用天然黄油。清楚了解了自己所销售的商品，就会发现我们的商品的性价比出乎意料地高。我希望他们了解，我们的商品价格不高，我们努力以适当的价格提供高品质的商品。这会给他们的工作带来自豪感。”

然后，深泽女士以亲切和蔼、活泼开朗、会交流、丰富的商品知识、为顾客装袋这些关键词，讲述了待客服务方面的内容。

在此，她又讲述了顾客的一段小插曲，有位顾客曾说“我很期待与成城石井的店员聊天，哪怕聊一句也好”。

“实际上确实有这样的顾客，短短的对话或是一个笑脸，就能够改变顾客。说得更深入一点，我希望员工能明白我们的工作会影响到顾客的生活意义。”

深泽女士又从整洁干净、季节性、便利性等关键词着手，讲述了卖场实力。

“我常常放在嘴边的话题是：卖场是瞬息万变的，有的卖场顾客只要阅览 POP 就能感受到快乐。此外，还有商品实力、服务水平、卖场实力，这三方面结合在一起才是成城石井，缺了哪一方面都不能满足消费者。”

深泽女士举了个实例来说明：顾客发现想要购买的商品是次品，虽然这是少有的情况，但出货的店员的态度让顾客感到不快。这是店铺中非常写实的一个场景，大家都听得很认真。

深泽女士又继续向大家介绍了店铺中诸如柜台、卸货、整理商品、出货、检查保质期、订货、财务、打包、包装等各方面的工作，每一项工作都至关重要。

在中间休息之后的后半段培训中，为了让员工体验什么是和顾客有礼貌地交流，进行了实际购物场景的分角色演练。“欢迎光临”“遵命”“请您稍等”“我去为您找负责人来”“正在为您查询”等，为了让员工了解在什么场合怎样使用这些基本服务用语，深泽女士有时会扮演成顾客突然向培训中的员工提问。

最后观看完 8 分钟的视频，时长 3 小时的培训就到此结束了。

“不可能教给他们所有的东西。正所谓来 100 位客人就会有 100 种期望，我们没法制订手册。重要的是基本的待客理念，成城石井的员工应该珍视什么。只要理解了这一点，就能做好最起码的应对工作。这个培训的目的就在于让新员工明白这些最基本的东西。”

下午安排的是 3 个小时的收银培训，上午参加培训的人员约有 70%都希望能够参加下午的培训。

“必须爱上自己公司的商品”

在成城石井，包括兼职员工在内，所有的从业人员在进公司时必须参加为期半天的培训。进入公司之后也有着各种各样的培训，例如涉及“红酒·奶酪”“咖啡·红茶”“酒类”这三个领域的专业培训。

这也是任何员工都能参加的培训。充分体现了公司对员工培养的高度重视，那其中的缘由是什么呢？社长原先生答道：

“当然一方面的原因是我们想要提高服务水平，另一方面是因为我们在商品备货上的追求。想要掌握商品知识不是一朝一夕就能做到的，不是靠店长偶尔的指导，也不是参加了培训就能立刻掌握的。而是要通过不断学习积累，一点一滴地理解成城石井的商品备货及实力。”

不断地接受培训和学习，才能明白成城石井与其他公司的区别所在，懂得商品与商品之间的关联性。

“比如，学习红酒的相关知识，并不意味着只要了解红酒就可以了。学习完红酒的知识，接下来最好要了解奶酪的相关知识，因为红酒的备货与奶酪的备货是相关联的。在成城石井的店铺中，红酒柜台并不只是将红酒陈列在货架上而已，会根据产地、葡萄品种等进行分类。奶酪柜台亦是如此。哪种红酒该搭配哪种奶酪，都是有讲究的，必须对这两方面都有所了解才行。”

不仅仅是奶酪，生火腿也好，调料也好，香料、肉类、鹅肝、鱼子酱等商品，与红酒都有着各自不同的搭配。

“若不能很好地把握每种商品的相关信息，就不会布置货架，也不能服务顾客。因此，除了服务水平和商品实力，还必须重视员工的培育。”

对商品了解得越多，也就越理解成城石井。

“理解了商品备货和我们的追求，就认识到成城石井为了能以合适的价格提供高品质的商品付出了巨大的努力。因此，对卖场从业员的教育显得尤为重要。”

但店长日常的工作非常繁忙，很难在销售一线实施教育工作。

“这个教育工作必须由总部来完成。若员工不喜欢自己公司的商品，那销售额肯定上不去。反过来说，若爱上了自己的公司和商品，那就能与消费者产生共鸣，向顾客宣传成城石井，让其成为成城石井的粉丝。”

每年派 30 人前往红酒的发源地——法国等国家参加海外进修

重视员工培训是成城石井的传统。如前文介绍，成城石井为了提高服务水平，让员工去观看歌剧，体验一流酒店的服务。从很早以前开始，成城石井为了加深员工对商品的了解，派店铺的负责人前往法国的庄园参观学习。海外进修项目现在仍然持续着。

“如今，以在业绩上或者在竞赛中受到表彰的员工为主，每年有两次机会分别派 15 人（合计 30 人次）参加七天五夜的海外进修。”

这么说来，在经营方针说明会的最后，确实有从法国归来的参加海外进修的员工做汇报。他们在香槟地区参观了 F1 赛事的官方香槟赞助商，以玛姆红带香槟酒而闻名于世的玛姆公司等三家公司。他们试饮了最高级的香槟酒，品尝了与之相配的佳肴。还参观了以世界顶级奶酪制造商为首的两家奶酪工厂，观摩了生产过程之后，还品尝了奶酪制品。

这就是参观原产地的庄园和奶酪工厂，现场品尝香槟、红酒，以及奶酪和火腿的进修。和一般的观光旅游团的行程完全不同，员工们去拜访生产方，倾听生产方的理念，这真是非常宝贵的体验。

而且这个海外进修不仅针对全职人员，也有很多兼职员工参加。

“通过海外进修，近距离感受原产地，员工们留下难以磨灭的印象。他们归来以后，努力将自己的所见所闻告诉后来的员工。这个效果非常好，他们迫不及待地想要分享自己的感受。”

难怪在成城石井的店铺中询问红酒时，有很多店员仿佛终于等到时机一般予以热情解答。

“在一般的店里，还有因害怕顾客询问而背对顾客的店员，当察觉到顾客要询问时，就突然跑去工作间以回避其咨询。成城石井不存在这样的现象，我们有自信能够回答顾客的任何问题。我们会主动问顾客‘您需要些什么吗’，在对顾客的膳食类型、使用习惯等需求进行确认之后，再进一步给出各种建议。”

当这种交流展开以后，顾客购买的就不仅仅是红酒或是奶酪了，会一下子购买各种食材回去。因为相关商品的信息会源源不断地涌现出来。

“每年派 30 人参加海外进修已经持续了很多年。有的员工会把生产方的理念写到 POP 上，有的员工会激励后来的员工努力争取进修的机会。因为我们对自己所销售的商品信心十足。”

如火如荼的五星大赛

在成城石井，参加海外进修也是对员工的一种奖励。奖励的对象除了在各个部门工作积极、受到表彰的员工外，还有在公司内部开展的竞赛中获奖的员工。比如五星大赛，这是比拼服务技能的竞赛，会有来自全国各店铺的卖场部和收银部的约150人参加比赛。人事部长千叶先生介绍：

“设定好消费者的角色，竞赛比的是如何应对顾客。虽然采用的是竞赛的形式，实际上教育层面的意义也很重大。在赛场观看他人的待客方式也是一种学习过程。若申请参赛还能参加讲习会，这也是一次学习的机会。”

店铺似乎并不只是把这当作一次竞赛。从店铺内的预赛到决赛的四个月时间内，实际要举行四次预赛，可以说这是一次盛会。千叶先生说道：

“店铺决定由谁来参赛，有的店铺采取投票的形式选出店内服务最好的员工，有的店铺是通过预赛来遴选的。每位参赛选手都要申请参赛资格。”

3月份至4月份是申请时期，之后申请者参加讲习会，到5月份举行反馈预赛。

“这时约有150位参赛选手，通过技能考核选出50名选手参加地区比赛。技能考核的目的，一方面是选拔，另一方面是希望员工得到讲师的现场指导。”

反馈预赛每天有30人参加，为期5天。地区大赛于6月份举行，分为关东地区大赛和关西、中部地区大赛，参赛选手为50人。然后决出10名卖场选手和10名收银选手参加五星大赛的决赛。

“这在公司内部掀起了一股热潮。由于选手代表着店铺，因此各店铺都积极响应。获奖的前几名选手还有机会参加海外进修。”

兼职、全职人员都能申请参赛，五星大赛的获奖人员可以在店铺中佩戴五星徽章，这对他们来说是无上的光荣。在成城石井的店铺中，店员的左胸若是佩戴了五星徽章，就意味着该员工在大赛中获得了好名次，是成城石井认可的优秀服务人员。

授予五星大赛获奖者的五星徽章

无论在待客服务上还是在商品知识方面，成城石井为员工准备了很多学习机会。各店铺中还设有所有从业员都能浏览的e-learning。

诚如原社长所言，成城石井在培育员工上下了很大的功夫。

纵横交错的组织结构

那么，成城石井又是如何培养领导人的呢？成城石井的各店铺中有着数位“领导”。店长是店铺的领导，但不是唯一的领导。在前文提到的作为“与顾客交流的最后一关”的收银台，还有收银负责人，负责管理数位收银员。

此外还有CS负责人，这是负责促进提高消费者满意度的领导。甚至还有兼职负责人，各店铺从兼职人员中选拔出一位担任负责人。人事部长千叶先生介绍：

“这些负责人会定期在公司总部参加集会，收银负责人每月参加一次，CS负责人三个月参加一次，兼职负责人每半年参加一次。所有店铺的负责人像这样聚集在一起，加深了与总公司之间的交流，同时能共享信息。”

店铺中设置多位负责人，可以调动主观能动性，也能发挥其领导能力。从人才培养的角度来说也颇具效果。千叶先生继续介绍道：

“成城石井的一大特征是纵横交错的网状组织结构。在店铺的管理上，不仅有店长这一条纵轴，还有由收银负责人、CS负责人、兼职负责人等数位领导组成的超出店铺范畴的横轴。这样一来，可以对店长的管理起到辅助的作用。”

除此之外，店铺内还设有部门领导人，是按照不同商品领域设置的负责人。这些负责人横向联系在一起，会在总部召开部门会议。在部门会议上，会举行对central kitchen开发的新菜品，或是买手新发掘的商品的试吃活动。

从更为宏观的组织框架来看，也存在由地区经理管理店铺和主管负责管理商品这两条线，他们经常频繁地察访店铺。一般的店铺往往只有店长、领导或者主任这一纵向型的管理，而成城石井不仅会召开构筑横向管理的负责人会议，还有主管人员来对这一横向管理进行维护。

正是因为确立了这种纵横交错的管理模式，成城石井不会发生诸如柜台之间争抢地盘的现象。因为成城石井的员工关注的不是自身利益，而是店铺整体的利益，或者说是成城石井的整体利益。更进一步说，他们在意的是眼前消费者的利益。社长原先生说道：

“基本的、重要的事情必须反复、多次强调，彻底贯彻下去。反言之，我们也必须制订行之有效的保障措施。意识到了这一点，我们自身也好，公司也好，就能朝着较为轻松的道路发展下去。

“因此，我们的政策是必须让员工着眼于公司的整体利益和消费者的利益。我认为只有这样，公司的整体水平才能得到提高。”

定期地、频繁地召开负责人会议或者部门会议，成本也会相应提高。即便如此，特意在总部召开会议还是有着重大的意义。

培养店长的 shop master 制度

成城石井在培养领导人方面，还有日常培训制度和 shop master 制度。人事部长千叶先生介绍道：

“培训从员工进入公司第一年、第二年到第三年，分年度举行。新进员工以两个月一次的频率参加培训。第一年主要以基础训练为主，在为期半个月的新进员工培训之后，主要以布置卖场之类的实务性质的培训为主。第二年之后的培训会逐渐加入管理方面的内容。第三年以后就不再是全体员工的培训了，而是对被选拔出来的员工进行培训。若判断某员工具备优秀的管理潜能，就会将之作为 shop master 的候选人来进行培养。”

shop master 培训是为了让有望成为店长的员工参加相应的进修而设置的。一组训练分多次进行，在研究个例的基础上学习店铺的经营和管理。通过两次、三次的反复训练来判断员工能否接近店长的水平。

“服务个别消费者的能力要求和管理店铺的能力要求是不同的。比起丰富的商品知识，店长需要的是综合管理能力。”

shop master 制度的目的在于尽早地选拔和培育擅长管理的人才。近年来，通过这个 shop master 培训而成为店长的情况增多了。

在店铺中工作的从业人员出乎意料地多，比如在成城店，包括兼职员工在内达到了 120 人的员工规模。店长必须管理好如此之多的员工。

与之相对的小型店铺中，包括兼职员工在内只有几个人，也有只有两三个员工的小店铺。然而，这样的店铺也有不好管理的方面。千叶先生说道：

“单从打招呼这一点上就能看出很多问题。若是店铺中缺乏同伴意识，缺乏对上司的信任或者对公司的敬畏之心，就不能很好地打招呼。来到在秘密调查中得分较低的店铺你就会发现，很多都处于店长与职员之间关系不融洽，或者兼职人员与全职人员之间缺乏交流的状态。这种不和谐的气氛会影响到卖场。

打招呼这一行为往往会影响到很多方面，会带来各种不同的后果。”

实际上，如何识别和培育管理能力是非常大的一个课题。

前往经营得较好的店铺中“留学”的措施

成城石井为了在考评过程中，使上司与下属之间能够很好地沟通，采取了相应的措施。首先下属要进行自我评价，然后上司以此为基础给予评定。二次考核由区域经理负责考评。考核成绩提高，薪酬也随之上涨，兼职人员亦是如此。

然而，即使有这样的措施，也不一定就能保证日常交流的顺利进行。因为员工人数众多，而店长的工作多，业务繁忙。千叶先生说道：

“若有什么必须下达的任务，往往会演变成店长单方面指挥下属干这干那的情形。工作上的繁忙不知不觉间就导致了这样的结果的产生，我询问了一下下属们的感受，已经出现了诸多的不满情绪。”

若上司对所下达的指令的背景予以说明，平时对下属多一些细微的关怀或者思虑，就会有截然不同的效果。能干的店长靠的不仅仅是一句“你干得很好”，而是在更细微的方面关注下属。

“然而，绝大多数店长没有意识到自己应该这么去做。因此，询问店里的管理层，很多时候也只能了解到店里做得较好的方面。若询问兼职人员的话，就会得到不一样的反馈。在做得不到位的店铺中，店长应该给出的指令并没有下达到兼职人员中，有的员工甚至一无所知。没有做到信息的共享。”

而在做得较好的店铺中，所有员工都掌握了重要的指令，无论询问谁得到的都是相同的反馈信息。大家方向一致，对必须做的事情了如指掌。

“若日常的沟通不到位，店铺就不能很好地运营。在这一点上，店长的技能就显得极为重要，培训等相关措施必须跟进。这正是管理能力的部分。”

但事实上这也绝非易事。

“不过，在做的过程中总会领悟到什么。希望员工们能尽早获得这样的体验，于是我们出台了 shop master 制度，对于正在实践的员工们来说还是有难度的。我本人也曾担任过店长，在成为店长之前觉得‘这个为什么做不到呢’，等自己当上店长以后，就发现做不到的事情太多了。不是那么简单就能做到的。总公司下达的各种指令，该如何与店铺协调，把员工们团结起来完成任务？该如何与包括兼职在内的员工们顺利沟通，同时带领大家做出成绩？这真的是非常难的事情。”

怎么都进展不顺、停滞不前的店长会前往做得较好的店铺中，参加为期一周左右的“留学”。在这些店铺中感受到自己的不足之处，再回到自己的店铺中工作。据说这样做很有效果。

培养不出人才就不能开店

曾在其他大型超市工作过的，新丸大厦店的店长岛村隆一先生说过这么一段话：

“人们对成城石井的期待超乎你的想象，只是保持与其他超市同等的服务水平是得不到认可的。人们会觉得‘成城石井就只是这样吗’或者‘成城石井的商品只是这样的吗’。我觉得在这里经营店铺，人们的期望值是相当高的。”

虽然邀请成城石井开店的意向雪片似的飞来，但开店的决心不是轻易就能下的，其原因也在于此。现在成城石井的开店规划是每年 10 至 15 间店铺。社长原先生解释：

“我们认为公司的成长伴随着人才的成长，人才培养不出来就不能开店。我们录用人才，对一定数目的员工进行培训，三年后培育成负责人或是店长，按照这个规划一年开出 10 至 15 间店铺已经是极限了。一下子要开 30 间是不可能的。”

成城石井如今每年录用 70 名左右的应届生，除此之外还积极地从兼职人员中发展正式职员。

“我们也在一线挖掘具备店长潜能的员工，店铺不断把这样的人才推荐过来，我们从中发展正式职员。”

不过，人才的培养也不是那么简单易行的。

另一个限制开店的因素是对 central kitchen 的执着。

“目前，我们只能在自己能够配送自己所生产的商品的区域范围内开店。物流也是我们公司自己负责，其中包括大阪和中部地区的商品配送。central kitchen 的商品不使用防腐剂，因此新鲜度管理就是个问题。若是在配送上不能解决这个问题，就不适合开店。在超出我们公司物流范围之外的地方开店是很困难的。”

当然，成城石井也已经采取了相应的对策：决定今年（2014 年）扩大 central kitchen 的生产规模，以后能满足 178 间店铺的供货要求。

“若是引进机械大批量生产的话，就能更为轻松地应对了。但是，这样做有悖于我们的初衷。因此，我们首先在可能的范围内扩大生产规模，以此来应对目前的状况，至于今后的事情我们下一步再做打算。”

现在的目标是 200 间店铺，成城石井要以目前的手工制作体系来完成这个目标吗？

“若是采用批量生产，使用防腐剂来延长商品保质期，那我们与其他公司就没有区别了。个人认为如果我们放弃了我们的坚持，那成城石井的优势也就荡然无存了。”

如何在坚持自己真正看重的东西的前提下，扩大企业的发展规模，这或许是成城石井今后最大的课题吧。

“若是从效率或者合理性来考虑问题的话，这种固执的匠人气质的想法瞬间就烟消云散了吧。因此，人才很重要。将美味的商品送至消费者手中，没有什么比这更重要，这才是我们要建设的企业文化。只有做到这一点，我们才能够守住重要的东西。”

企业得不到发展，职位就不会增加，薪酬也不会提高，发展是企业的义务。在坚持自己价值观的同时，如何培育人才，发展企业，这是成城石井今后必须面临的挑战。

第 7 章
不想被称作“高档超市”

“成功的根本与挑战”

咖啡冻

成城石井的特色商品⑦

这是在成城石井自制甜品中长期畅销的商品。切成长块的咖啡冻漂浮在牛奶冻中，外型上就很别致。咖啡豆 100%使用阿拉比卡品种，以 Fullcity 烘焙方式充分提炼出咖啡的苦味和浓郁香味。牛奶冻使用的是北海道产的牛奶，加入蔗糖增添柔和的甜味。咖啡的苦味与牛乳的甜味是绝妙的搭配。

获奖者都心怀感恩的公司

前文已提及多次，成城石井每年会召开两次 800 人规模的经营方针说明会，该会议给我留下了非常深刻的印象。

会议的后半程是表彰的环节，表彰包括在秘密调查中获得较高评分的优秀店铺，在五星大赛中获得前几名的获奖者，还包括对业绩做出贡献的优秀部门，以及可以称之为整个公司的 MVP[①] 的优秀员工。受表彰者都要上台说一句获奖感言，结果不论是店长、全职人员还是兼职人员，每个人都很理所当然地把荣誉归功于他人。

“感谢区域经理”“感谢负责人”“感谢店长和前辈们”“感谢不辞辛苦生产商品的 central kitchen”“感谢一直予以支持的品质管理部门”“感谢努力奋斗的兼职的伙伴们”……

并非一个、两个是这样，获奖并发表感言的数十人几乎都是以这种姿态表达着对身边的人的感激之情，虽然获得荣誉是他们自己。

---

① MVP：Most Valuable Player（最有价值球员），简称 MVP。

在自己获得表彰的时候，表达对周围人的感谢。谦逊、不居功自傲、心怀感恩、相互理解、相互尊重，这是非常优秀的文化修养。社长原先生如此说道：

“零售业依靠的不是单打独斗，超市需要各种团队来完成不同的工作。若缺乏协作互助，单靠自身努力是做不出成果的。反过来说，能够出色地完成工作的员工都擅长团队合作，不论是总部、central kitchen，还是店铺，都是如此。”

曾在好几家公司工作过的五十岚先生也说道：

“在这里或许没有人会说‘这是我完成的’。个人认为成城石井的长处就在于，大家能够做到协作互助，共同寻求答案，不存在个人强势引领的工作氛围。不过，这既是优势也是弱势。有时也需要强势的领导力，我认为这是成城石井今后的课题。”

话虽如此，站在领奖台上的员工们都是工作完成得出色的人。从这个角度来考虑，成城石井现在还是需要这样的工作态度。

有关这种风气形成的背景，原先生又表达了另一种观点：

“整个公司的这种工作氛围在过去就形成了。究其原因，我想是因为大家深知我们的成长离不开顾客吧。现在依然如此。

“成城石井如今的发展要归功于顾客。正是因为我们一直坚持以服务顾客为重，不把利益和效率放在第一位，才有了现在的成城石井。我们现在依然强烈地感受到是顾客在鞭策着我们。直面顾客，传递信息，我们不改初衷。”

不想被称作“高档超市”

在采访的过程中，我多次听闻这么一句颇有意思的话“不想被称作高档超市”。近几年，被称作“高档超市”的几家超市被归类在一起，成城石井便位列其中。

一般消费者从成城石井的商品价位考虑，或许都觉得成城石井属于“高档超市”。而且，被称作“高档超市”也绝非坏事。

然而，成城石井却不这么认为。

“经常有人问我成城石井的竞争对手在哪里。我的回答是我们没有竞争对手。若有的话，也是消费者所追求的潮流和需求。”

成城石井销售的都是顾客所需求的商品，高品质、美味的商品。只不过这些商品恰好是高档的商品、一流的商品而已，并非成城石井一开始就想要贩卖高级、一流的商品。也正是因为这样，成城石井的目标是以适当的价格来提供商品，不是以高价来出售高档商品，说到底其目标与其他店是完全不同的。

可以说正因为如此，成城石井才能顺应时代的潮流而发展壮大起来。被称作“高档超市”的店现在仍然受到消费者的追捧，那这些店的规模有没有扩大呢？我不禁要打个问号。

“高档超市”确实是时代的先锋。比如在20年前，没有其他超市会在店铺中摆满橄榄油，也没有其他超市会摆放高档的进口商品。从这个意义上来说，“高档超市”毫无疑问是时代的先锋，是挑战者。

但近20年又发生了什么？如今在任何超市都能看到橄榄油或者与众不同的进口食材，这已经不是什么稀奇的事情了。而且，由规模经济带来的采购能力，让越来越多的商品实现了低价销售。仅依靠高档商品或进口商品，已经体现不出店铺之间的差异了。

那么，以消费者的需求为竞争对手的成城石井又是怎么做的呢？那就是彻底直面消费者需求。成城石井也销售橄榄油，但是其备货规模是其他超市所不具备的。有数十种品种，而且每一款都有其不同的意义。比如同样是意大利的产品，北部和南部的口感不同，有的消费者会在不同的菜肴中使用。

进一步而言，食用油本身也随着消费者需求在变化着。从色拉油、橄榄油到亚麻籽油（flaxseed oil），再到椰子油，需求不断更新，呈现多样化。成城石井的商品备货也随之进行调整。社长原先生说道：

成城石井在一种商品上也要极力配备多种款型

“成城石井一直追随着消费者需求，不满足于现状，随着时代的变化而不断更新换代。其结果，就是发展成现在的食用油、红酒、奶酪，以及火腿、巧克力等商品的备货规模。”

成城石井有别于“高档超市”，不只是把高档的商品摆上货架，而且追随着消费者需求，在商品的备货上竭尽所能。这样才有了如今的成城石井。

不会擅自锁定消费群体

据说成城石井还有另外一个不喜欢的词，那就是市场营销。市场营销并不仅限于零售行业，现在很多商业领域都会彻底做市场分析，并在此基础上锁定目标消费群体，然后再制订各种策略。

设定目标消费群体尤为重要，是男性还是女性？年龄大致多少？预计年收入为多少？家庭构成是什么样的？爱好是什么？……然而，成城石井基本不做市场研究。

“成城石井不会明确锁定所谓的目标消费群体，年龄也好，性别也罢，我们不会划分消费群体。想要品尝美味的人与性别、年龄都无关吧。而且，年收入 300 万日元也好，500 万日元、1000 万日元也罢，想要品尝美味的心情都是一样的。回应这种心情，奉上美味的商品，这才是成城石井的经营理念。”

在数家企业工作过的五十岚先生，在刚进入成城石井时，对此也感到很吃惊。

“这是一家不喜欢做市场营销的公司，在公司内就听不到这一词。成城石井的事业不是锁定目标，然后在决定经营模式的基础上发展起来的，而是从各个层面考虑如何满足消费者的期待，这样一步一步来发展的。”

这或许是费时费力，违背理论的经营方式，但却是合乎情理的。年收入 300 万日元的人不会买昂贵的香槟酒吗？事实并非如此。实际上，很多年轻女性会在周末购买高价的香槟酒、红酒，或是奶酪、火腿来犒劳自己。若是以年收入来划分消费群体的话，就会忽视这样的消费需求。原先生说道：

“我认为消费是由感情主导的，是感性而非理性的行为。因此重要的是能否打动消费者的内心。让顾客体会到‘还有这样的商品哪’的那份感动，和‘能得到如此周到细致的服务’的喜悦之情。个人觉得这才是成城石井一直以来所珍视的东西。”

曾在大型广告代理公司就职，在四处充斥着市场专业术语的世界中一路奋斗过来的五十岚先生觉得这很有意思，他说道：

“在成城石井或许没有理性的市场营销人员，但随处可见商人和买卖人。外来人员对此的感受尤为明显，这里真是商人的团体，对销售有着很深的执念。不过，正是这份执念让成城石并能认真面对每一个人的需求。我想这是面向大众统一进行市场营销所无法做到的。”

比如在开设新店铺时，成城石井完全不做正规的市场调查，不对周边居民做问卷调查，也不举行集体会谈。因为成城石井很清楚这样做只能反映出消费者的一个侧面而已，这种调查根本不能了解消费者的真正需求。换言之，或许这就是做生意的精髓之所在。买卖开始以后才是胜负的关键，若不实际地面对消费者，就发现不了他们真正的需求。成城石井不会合理地、高效地做生意，只会一味地坚持改变自身。

有关前文反复介绍的“经营方针说明会”，我还想最后再提一点令人印象深刻的地方。从下午1点直至6点，时长5个小时的会议，以社长为首，董事、人事部长依次发言，再加上优秀店铺的介绍等，谈论成城石井的方方面面。但有一个词从未被提及，那就是“品牌”。

如何建立品牌？如何提高品牌效应？如何维护品牌？这些对于现在的企业来说都是至关重要的主题。然而，在成城石井的说明经营方针的会议上，却一次也没有出现品牌这一词。

这反而给我留下了一个好印象。有如“品牌战略”这样的词，个人认为这一概念本身就很奇怪。品牌是被创造出来的，并不具备创造力。传统的老品牌难道不是这样形成的吗？坚持直面顾客，其结果就形成了品牌。品牌不是你想创造就能创造出来的。

在广告活动上投入巨额资金等做法，或许也是创造品牌的方法。但是，若没有消费者的支持为基石，仅创造一个品牌出来真的有意义吗？就此我询问了原社长，他答道：

“或许很大一部分原因就在于，我们自身不认为自己拥有品牌效应吧。我们也不想将所谓的自有品牌商品强加于消费者，我们只把它当作提供给消费者的选择项之一。我想正是因为我们一直在探索消费者所支持的东西，才收获了消费者的好评。”

开酒吧以提供原产地的风味体验

成城石井进军餐饮业。2013 年 12 月，麻布十番街店开业，在二楼开了间酒吧，名为“Le Bar à Vin 52”。店名为酒吧之意，52 是在经营会议上也提到的 52 周的意思。

设座位数 64 个。据说这是推广成城石井的策略之一。社长原先生介绍：

“出发点是为了方便消费者体验成城石井所销售的商品，若消费者喜欢也可以到店铺中购买。这里可以说是成城石井的商品的体验场。”

在酒吧不仅可以品尝香槟酒、红酒，顾客想要点单的话，菜单上还有现切的生火腿、长期熟成的奶酪、鱼子酱、鹅肝、松露等成城石井特有的食材。这些食材从原材料到调料都是经过精挑细选的，可以说这里是消费者体验成城石井的酒吧。

“每一件商品都有其渊源，都有生产者的相关信息。店内的商品均是如此，因此可以充分地向顾客说明，让其品尝。”

让人惊讶的是商品的价格，由于可以和零售业一样直接进口商品，所以价格相当优惠。

“很多顾客都对价格感到震惊，这正是基于成城石井的备货能力才能设定的优惠价格。成城石井对此有着相应的保障措施，为了向消费者供应真正美味的商品，最大限度地发挥这些措施的效力，我认为还存在着各种方式方法。今后要不断地创新。”

选择开酒吧这种休闲轻松的形式，其背后有着原社长的坚持。原先生希望消费者能够更为轻松、简单、悠闲地享受红酒以及其他高级食材。

“这是我自身在澳大利亚生活的真实体会，不论是在欧洲还是在美洲，红酒等都非常自然地融入到了人们的日常生活中，而这些还是给日本人以打扮得光鲜亮丽，浮夸地喝着高档红酒的印象。我想试着改变这种现状。”

红酒以及香槟酒等商品的价格设定，也是基于这一理由调低的。不过，最具特色的或许还是酒吧供应的高级火腿、奶酪等的食用方式。

开业于麻布十番街店楼上的酒吧“Le Bar à Vin 52”

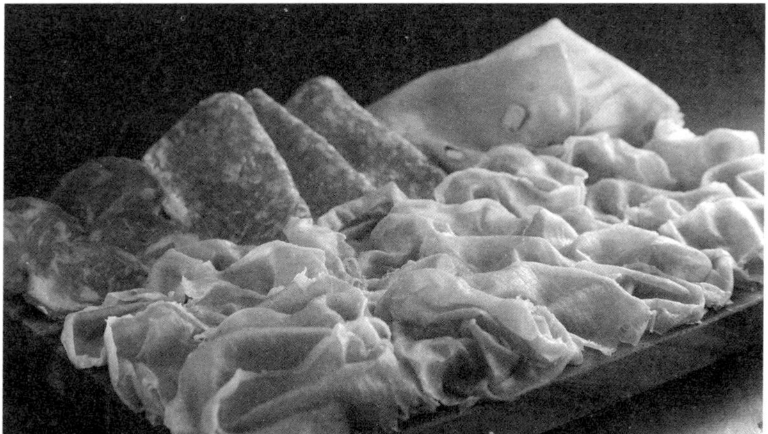

招牌菜之一：精选生火腿 6 样拼盘

顾客点火腿拼盘的话，就会端上现切的火腿。但火腿并不是漂亮地盛放在盘子中，而是按类别随意地摆放在方形的木制扁平容器中。

“请一定试试用手拈起来品尝。若问其缘由，那是因为我们在意大利或者西班牙的工厂考察时，就是以这种方式试吃的，高品质的火腿就那么随意地摆在砧板上。不过，这样很好，因为当地人就是这么做的。实际上用手拈着吃，手的温度会让油脂溶化。这也是当地人告诉我们的，他们不会把火腿漂亮地装在盘子中，然后用刀叉来食用。”

奶酪拼盘也是同样分类盛放在木制餐具中。这实在谈不上美观，但也正因为如此，外形与口感上的反差才更令人震惊。

“当地人吃奶酪也是随意地切成块来食用的，我们也保留了这种食用方法。在日本的餐馆里，好像还有标准的奶酪的切法，但是这种做法在原产地是无人问津的。”

像欧洲、美洲、大洋洲的当地人那样享受美食，这是成城石井初次开设酒吧的目的。

彻底失败的开端

然而，这个酒吧在开业初历经了一番波折。原因是成城石井为了贯彻自己的理念，没有雇用有餐饮业从业经验的人，也没有聘请任何顾问。不论是店铺的装潢、厨房，还是服务人员，全都由成城石井一力承担。结果，从开业第一天开始，店内就陷入一团慌乱中。原先生苦笑道：

“我们原定中午开业，提供午餐，下午 3 点至 5 点是咖啡时间，然而后来不得不关门停业，因为我们完全没有达到自己所期望的服务水平。”

怎样让来宾坐得舒适？席位该如何设置？走道的宽度应该留多少？对于这些问题事先都展开了各种讨论。

“但是，我们却忽略了餐厅服务员的行走路线的重要性，他们应该在店内如何移动，我们没有就此做细致的研讨。”

直到酒吧开业以后才发现问题。上菜或是撤盘，服务员的行走路线是关键。小小的失误堆积起来会引发大的问题。

“包括我个人在内，大家都太过自信了，想着只要把成城石井的服务照搬过来就绝对不会有问题。我们任命在五星大赛中荣获第一名的员工为店长，以为若是他就一定可以。但是，超市与餐厅的经营方式是完全不同的。”

开张第一天的下午 3 点关门以后，原先生亲自上阵指挥，以期重整旗鼓，不能就此结束。于是从各店铺召集在厨房和酒类工作上有经验的员工，人数一下子翻了一倍，并于傍晚重新开业。但是，仍然没有起色。原先生说道：

“我百思不得其解，当时事态真的很严峻。给顾客们增添了麻烦，至今仍然感到很抱歉。”

“想要尝试以成城石井的方式来开餐厅”

不过，成城石井没有轻易放弃。在开业的第二周，陆续加入了几位拥有酒店服务经验的部长。而且在繁忙的年末，担心店里情况的董事和干部们纷纷到访，据说董事们还自发地在厨房和餐厅帮忙。

到了年初，距开业已经过去约三周时间，大家对各自的分工有了整体的了解，操作开始步入正轨。

成城石井初次涉足餐饮业，店内的运营陷入了僵局。但在这种情况下，成城石井也没有接受外部的一切援助。原先生这样解释道：

“因为我们想要以成城石井的方式开店。在餐饮界人士看来，我们完全是外行，因为我们对这个领域不甚了解。即便如此，我还是希望由成城石井的员工们来完成。若是一开始就聘请有经验的人或者顾问，不就变得和现有的餐厅一样了吗？我们不想那样去做，不论是菜肴、服务、待客，还是红酒的销售，成城石井都有着自己积累起来的一套方式。如果我们开出的餐厅和现有的那些一样，那就没有意思了。”

从计划开酒吧的时候起，就有很多泼冷水的声音。原先生继续道：

“确实有哇。有的说开酒吧没有前途；有的说最多在东京开

10间店铺，在大阪和名古屋开几间就行了，已经能够满足需求了；有的说我们不务正业。但我认为并非如此，我们还是想要尝试新的挑战，成城石井有很多员工都想尝试餐饮业。我想要为这些员工创造机会。”

超市经营酒吧，放眼世界，其实并不稀奇。

“在美国，超市里面开设酒吧是常见的现象。日本的超市中以咖啡店居多，从国外引进以后形态也发生了一些变化。而世界上的很多超市里都开设了提供各种商品的酒吧。我甚至认为在超市中还存在各种可能性。”

Le Barà Vin 52现在的经营情况非常稳定，当初的混乱像根本没有发生过一样。味道和价格都极具魅力，已经成为很难预订的热门店，一早就有很多年轻女性光顾，十分热闹。

作为餐饮店，Le Bar à Vin 52的价格惊人地实惠，而利润也得到充分的保障。正是成城石井的“措施”让这些成为可能。原先生说道：

“挑战新事物有可能会失败，失败了再重新挑战就行了，就是这么简单的事。”

社长每天必会对顾客投诉进行确认

成城石井一方面不断地尝试新的挑战，另一方面坚持立足于根本。原先生这样说道：

“我们服务消费者，确定消费者的需求，并在此基础上展开商品的销售。我们不断重复的事情，不过就是努力让店铺和服务能够满足消费者的要求。因为消费者如果不满意，生意就做不成。”

若偏离了这一根本，那一切都是白费。身为成城石井的总负责人，原先生至今仍然每天坚持倾听消费者的声音，每天都会对“顾客投诉中心”的投诉内容进行确认。

“每天到 5 点，投诉中心就会对当天的投诉信息进行统计，其结果在 10 分钟以后就会送到我这里来。”

除此之外，只要有时间原先生就会亲自到店铺中巡视。遇到需要引起注意的地方，就会具体批评指正。不过，原先生不会批评一线的员工或者店长，会训斥地区经理。

“超市有着很深的学问，我们在从消费者的角度来考虑问题上做得还远远不够。越是繁忙的店铺越难做到这一点。比如，若是顾客的数量超过了预期，那店门口的购物篮就会不够用。”

尽量减少顾客等待收银的时间，这是成城石井的原则。如此一来，大家的注意力就集中在了收银上。在收银上费尽心思，就容易忽视边上堆积起来的购物篮。环顾店内，发现由于没有购物篮，顾客只能把商品拿在手上。然而，店员忙于不断补充售空的货架，没有意识到这一点。

零售业需要做的事情有很多，只有做好每一件小事才能提高店铺的信誉和销售额。

一切都建立在“消费者的信任”的基础上

投身零售业 24 年，担任成城石井的社长 3 年，原先生是如何看待零售业的工作乐趣的呢？

“世界的变化速度相当之快，个人认为零售业是一个需要应对各种变化的行业。若是其应对能力跟不上世界的变化速度，那形势就严峻了。此外，零售业的销售额还受到天气、活动等诸多因素的影响。明天若是天晴该怎么做？若是降温了该做些什么？女儿节到了该做些什么？我们必须每天考虑这些因素来采取相应的对策。或者也可以说，零售业是要充分发挥自身的创意的工作。”

而这些工作必须由店铺来承担，绝对不能等待总公司下指令。因为总公司无法掌握所有地区的天气等具体情况。

“若是一间一间店铺地下指令，那就来不及了。还是应该由负责人自己考虑，由店铺自己来布置卖场，在不断的尝试和失败中前行。我认为只能这样去完成这项工作。”

而且，成城石井有着自己独特的商品备货，每件商品背后都有来龙去脉。因此，这项工作显得更为细致和复杂。

“成城石井要挑战的就是这样的难点，这就是我们存在的价值。简单的挑战不能满足消费者的期待。”

当上社长以后的原先生，自己也未曾料到工作是现在这个样子。

“我也曾经想过要回老家经营蔬菜店，但从事零售业工作的这种乐趣让我还是决定留在成城石井工作。不过，在我进入成城石井的第一年和第二年还没有意识到这种乐趣所在。虽然也有乐趣，但并非后来我所体会到的这种乐趣。”

原先生现在回顾自己在工作第三年、第四年时所做的，所掌握的商品知识，觉得还很肤浅。

“在饮食的世界里，学得越多体会越深，而体会越深就越懂得商品的优势，也越清楚公司的优势所在。从这个角度来说，我至今仍在不断地学习中。更进一步说，学无止境。这就是如此深奥的世界，越深入了解越能感受到其中的乐趣。”

此外，对于自己所发起的活动立刻就能产生结果，据说这也是零售业的魅力之一。

“真的是立竿见影，这个速度在其他行业很罕见。而在零售业，你只要往店铺中一站，一两个小时内就能得出结果。这很残酷，但也正因为这样，成功以后所获得的快感也是巨大的。”

在这过程中，与消费者之间的信赖关系就建立起来了。原先生说成城石井依赖消费者的信任，同时也很信赖消费者。

“个人认为如果对消费者缺乏信任，生意就做不起来了。仅有我们单方面的信赖，或者光靠消费者的信任是不行的。只有互相信任买卖才能成立，这就是零售业的难点，也是其乐趣所在。”

为此，零售业的最前线必须付出艰辛的努力。这回我才真正理解了其中的含义。

“我们还会不断地采取新的举措，迎接新的挑战。这些举措在多少年后能开花结果，为此我们能做些什么，我们还在不停地探索。从这个意义上来说，我们必须持续不断地成长，这就是我们的工作。”

时至今日成城石井还在持续变化着，不断探索着消费者的需求。

结束语

2003年我搬迁至成城时，完全没预料到自己会写关于成城石井的书。然而，各种机缘巧合让我有幸进行此次的采访和执笔。

迄今为止，我采访的成功人士已经超过了3000人，这些经验让我对工作形成了自己一定的看法：

“对他人有益的才能称之为工作。”

这是工作的根本，但在现实中，工作往往会脱离这一根本，工作的目的变成为了公司，为了上司，为了自己。

这样一来，就不能很好地完成工作，无法取得成果。即便有成果也不会是大的成果，不会获得持续的发展。

工作的根本目的在于服务于他人或顾客，进一步而言在于服务社会。是否为支付我们报酬的人、接受我们的工作的人，很好地履行了工作职责？这才是最重要的事，这是我从采访过的成功人士身上所学到的东西。

我在采访获得消费者高度支持的成城石井的工作人员的过程中，感受到他们真正地在坚持工作的根本目的。将“服务他人”贯彻到底，成城石井才取得了如今的成长。

伴随着信息化的发展，商业也越来越复杂化，这个所谓的“他人”的概念也就越来越模糊。但是，成城石井至今仍然心无旁骛地追寻着这个“他人”，其执着的程度令人惊叹。

商业人士都想要取得成功，拓展自己的事业，但并不是想想就能成功的。能够获得成功的人都有着超乎想象的执着，并将之付诸行动。因此，他们才能在接受采访时，侃侃而谈。本次采访也让我深刻地认识到了这一点。

有没有能与人畅谈的想法和追求，能否做出令人惊叹的结果，这就是成功的关键。成功的背后必定有其缘由。

这是适用于所有事业的理论，本人在此次采访中也是受益匪浅。

最后，我要再次感谢提出本书策划的 ASA 出版社的吉田伸先生。吉田先生与我志趣相投，在采访中也从不同的角度提出了敏锐的问题。

同时，在本书的写作过程中还得到了成城石井的大力支持。借此机会也感谢以在百忙之中长时间接受我采访的原昭彦社长、合作·交流室室长五十岚隆先生、宣传科科长前川康子女士为首的，配合我采访的成城石井的各位工作人员，以及给予我观摩机会的店铺。

对于熟知成城石井的顾客们，以及流通行业的各位来说，或许我这是班门弄斧了。若本书能为您呈现哪怕一丁点您所不了解的成城石井，我将备感荣幸。

此外，若本书能给其他行业的人士带来一点触动或者经验，我亦荣幸至极。

2014年3月　上阪徹

“服务的细节”系列

《卖得好的陈列》：日本“卖场设计第一人”永岛幸夫

定价：26.00元

《为何顾客会在店里生气》：家电卖场销售人员必读

定价：26.00元

《完全餐饮店》：一本旨在长期适用的餐饮店经营实务书

定价：32.00元

《完全商品陈列115例》：畅销的陈列就是将消费心理可视化

定价：30.00元

《让顾客爱上店铺1——东急手创馆》：零售业的非一般热销秘诀

定价：29.00元

《如何让顾客的不满产生利润》：重印25次之多的服务学经典著作

定价：29.00元

《新川服务圣经——餐饮店员工必学的52条待客之道》：日本“服务之神”新川义弘亲授服务论

定价：23.00元

《让顾客爱上店铺2——三宅一生》：日本最著名奢侈品品牌、时尚设计与商业活动完美平衡的典范

定价：28.00元

《摸过顾客的脚才能卖对鞋》：你所不知道的服务技巧，鞋子卖场销售的第一本书

定价：22.00 元

《繁荣店的问卷调查术》：成就服务业旺铺的问卷调查术

定价：26.00 元

《菜鸟餐饮店 30 天繁荣记》：帮助无数经营不善的店铺起死回生的日本餐饮第一顾问

定价：28.00 元

《最勾引顾客的招牌》：成功的招牌是最好的营销，好招牌分分钟替你召顾客！

定价：36.00 元

《会切西红柿，就能做餐饮》：没有比餐饮更好做的卖卖！ 饭店经营的“用户体验学”。

定价：28.00 元

《制造型零售业——7-ELEVEn 的服务升级》：看日本人如何将美国人经营破产的便利店打造为全球连锁便利店 NO. 1！

定价：38.00 元

《店铺防盗》：7 大步骤消灭外盗，11 种方法杜绝内盗，最强大店铺防盗书！

定价：28.00 元

《中小企业自媒体集客术》：教你玩转拉动型销售的 7 大自媒体集客工具，让顾客主动找上门！

定价：36.00 元

《敢挑选顾客的店铺才能赚钱》：日本店铺招牌设计第一人亲授打造各行业旺铺的真实成功案例

定价：32.00 元

《餐饮店投诉应对术》：日本 23 家顶级餐饮集团投诉应对标准手册，迄今为止最全面最权威最专业的餐饮业投诉应对书。

定价：28.00 元

《大数据时代的社区小店》：大数据的小店实践先驱者、海尔电器的日本教练传授小店经营的数据之道

定价：28.00 元

《线下体验店》：日本 “体验式销售法”第一人教你如何赋予 O2O 最完美的着地！

定价：32.00 元

《医患纠纷解决术》：日本医疗服务第一指导书，医院管理层、医疗一线人员必读书！ 医护专业入职必备！
定价：38.00 元

《迪士尼店长心法》：让迪士尼主题乐园里的餐饮店、零售店、酒店的服务成为公认第一的，不是硬件设施，而是店长的思维方式。
定价：28.00 元

《女装经营圣经》：上市一周就登上日本亚马逊畅销榜的女装成功经营学，中文版本终于面世！
定价：36.00 元

《医师接诊艺术》：2 秒速读患者表情，快速建立新赖关系！ 日本国宝级医生日野原重明先生重磅推荐！
定价：36.00 元

《超人气餐饮店促销大全》：图解型最完全实战型促销书，200 个历经检验的餐饮店促销成功案例，全方位深挖能让顾客进店的每一个突破点！
定价：46.80 元

《服务的初心》：服务的对象十人百样，服务的方式千变万化，唯有，初心不改！
定价：39.80 元

《最强导购成交术》：解决导购员最头疼的 55 个问题，快速提升成交率！

定价：36.00 元

《帝国酒店——恰到好处的服务》：日本第一国宾馆的 5 秒钟魅力神话，据说每一位客人都想再来一次！

定价：33.00 元

《餐饮店长如何带队伍》：解决餐饮店长头疼的问题——员工力！ 让团队帮你去赚钱！

定价：36.00 元

《漫画餐饮店经营》：老板、店长、厨师必须直面的 25 个营业额下降、顾客流失的场景

定价：36.00 元

《店铺服务体验师报告》：揭发你习以为常的待客漏洞 深挖你见怪不怪的服务死角 50 个客户极致体验法则

定价：38.00 元

《餐饮店超低风险运营策略》：致餐饮业有志创业者 & 计划扩大规模的经营者 & 与低迷经营苦战的管理者的最强支援书

定价：42.00 元

《零售现场力》：全世界销售额第一名的三越伊势丹董事长经营思想之集大成，不仅仅是零售业，对整个服务业来说，现场力都是第一要素。

定价：38.00 元

《别人家的店为什么卖得好》：畅销商品、人气旺铺的销售秘密到底在哪里？ 到底应该怎么学？ 人人都能玩得转的超简明 MBA

定价：38.00 元

《顶级销售员做单训练》：世界超级销售员亲述做单心得，亲手培养出数千名优秀销售员！ 日文原版自出版后每月加印 3 次，销售人员做单必备。

定价：38.00 元

《店长手绘 POP 引流术》：专治“顾客门前走，就是不进门“，让你顾客盈门、营业额不断上涨的 POP 引流术！

定价：39.80 元

《不懂大数据，怎么做餐饮？》：餐饮店倒闭的最大原因就是“讨厌数据的糊涂账”经营模式。

定价：38.00 元

《零售店长就该这么干》：电商时代的实体店长自我变革。

定价：38.00 元

《生鲜超市工作手册蔬果篇》：海量图解日本生鲜超市先进管理技能
定价：38.00 元

《生鲜超市工作手册肉禽篇》：海量图解日本生鲜超市先进管理技能
定价：38.00 元

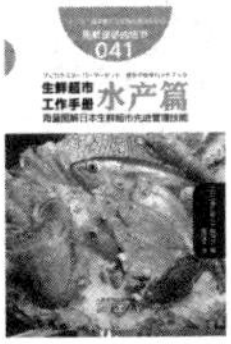

《生鲜超市工作手册水产篇》：海量图解日本生鲜超市先进管理技能
定价：38.00 元

《生鲜超市工作手册日配篇》：海量图解日本生鲜超市先进管理技能
定价：38.00 元

《生鲜超市工作手册副食调料篇》：海量图解日本生鲜超市先进管理技能
定价：48.00 元

《生鲜超市工作手册 POP 篇》：海量图解日本生鲜超市先进管理技能
定价：38.00 元

《日本新干线 7 分钟清扫奇迹》：我们的商品不是清扫，而是“旅途的回忆”
定价：39.80 元

《像顾客一样思考》：不懂你，又怎样搞定你？
定价：38.00 元

《好服务是设计出来的》：设计，是对服务的思考

定价：38.00 元

《让头回客成为回头客》：回头客才是企业持续盈利的基石

定价：38.00 元

《餐饮连锁这样做》：日本餐饮连锁店经营指导第一人

定价：39.00 元

《养老院长的 12 堂管理辅导课》：90%的养老院长管理烦恼在这里都能找到答案

定价：39.80 元

《大数据时代的医疗革命》：不放过每一个数据，不轻视每一个偶然

定价：38.00 元

《如何战胜竞争店》：在众多同类型店铺中脱颖而出

定价：38.00 元

《这样打造一流卖场》：能让顾客快乐购物的才是一流卖场

定价：38.00 元

《店长促销烦恼急救箱》：经营者、店长、店员都必读的“经营学问书”

定价：38.00 元

《餐饮店爆品打造与集客法则》：迅速提高营业额的“五感菜品”与“集客步骤”

定价：58. 00 元

《赚钱美发店的经营学问》：一本书全方位掌握一流美发店经营知识

定价：52. 00 元

《新零售全渠道战略》：让顾客认识到“这家店真好，可以随时随地下单、取货”

定价：48. 00 元

《良医有道：成为好医生的 100 个指路牌》：做医生，走经由“救治和帮助别人而使自己圆满”的道路

定价：58. 00 元

《口腔诊所经营 88 法则》：引领数百家口腔诊所走向成功的日本口腔经营之神的策略

定价：45. 00 元

《来自 2 万名店长的餐饮投诉应对术》：如何搞定世界上最挑剔的顾客

定价：48.00 元

《超市经营数据分析、管理指南》：来自日本的超市精细化管理实操读本

定价：60.00 元

《超市管理者现场工作指南》：来自日本的超市精细化管理实操读本

定价：60.00 元

《超市投诉现场应对指南》：来自日本的超市精细化管理实操读本

定价：60.00 元

《超市现场陈列与展示指南》

定价：60.00 元

《向日本超市店长学习合法经营之道》

定价：78.00 元

《让食品网店销售额增加 10 倍的技巧》

定价：68.00 元

《让顾客不请自来！卖场打造 84 法则》

定价：68.00 元

《有趣就畅销！商品陈列 99 法则》

定价：68.00 元

《成为区域旺店第一步——竞争店调查》

定价：68.00 元

《餐饮店如何打造获利菜单》

定价：68.00 元

《日本家具 & 家居零售巨头 NITORI 的成功五原则》

定价： 58.00 元

《咖啡店卖的并不是咖啡》

定价： 68.00 元

《革新餐饮业态： 胡椒厨房创始人的突破之道》

定价： 58.00 元

《餐饮店简单改换门面， 就能增加新顾客》

定价： 68.00 元

《让 POP 会讲故事， 商品就能卖得好》

定价： 68.00 元

《经营自有品牌： 来自欧美市场的实践与调查》

定价： 78.00 元

《卖场数据化经营》

定价： 58.00 元

《超市店长工作术》

定价： 58.00 元

《习惯购买的力量》

定价： 68.00 元

《7-ELEVEn 的订货力》

定价： 58.00 元

《与零售巨头亚马逊共生》

定价： 58.00 元

《下一代零售连锁的 7 个经营思路》

定价： 68.00 元

《唤起感动： 丽思卡尔顿酒店“不可思议” 的服务》

定价： 58.00 元

更多本系列精品图书，敬请期待！